Para Mari Vargas

Con amor y oración

Magio

CONQUISTA
TU MATRIMONIO

Remueve los obstáculos y libera las promesas

MAGIE DE CANO

ISBN   978-9929-40-763-3
© 2015   Elia Magdaly Herrera Alvarado
© 2015   Las Cartas de Magie
© 2015   Derechos Reservados

Segunda edición 2016

info@lascartasdemagie.com
www.lascartasdemagie.com

Edición:
Michelle Juárez

Diseño y Diagramación:
Magaly Cano Herrera

Fotografía:
Freddy Murphy

Impreso en la Ciudad de Guatemala
por: Sergráfica S.A.

Citas bíblicas tomadas de:
Nueva Versión Internacional
Reina Valera Contermporánea
Reina Valera 1960
Nueva Traducción Viviente
Dios Habla Hoy

Dedicatoria

A mi esposo Benjamín. Te amo y cada día confirmo mi compromiso contigo. Cada vez que tu fe decaiga, mira hacia el cielo. Sin duda verás una estrella y recordarás que existe un pacto entre Dios, tú y yo. Él hará de nosotros una gran nación, nos bendecirá y engrandecerá nuestro nombre, y seremos bendición. El Señor bendecirá a los que nos bendigan, y al que nos maldiga, maldecirá. Y en nosotros serán benditas todas las familias de la tierra.

A mis hijos Magaly, Benjamín y Sofía. Gracias por alentarme y darme todo su apoyo con los dones y talentos que Dios les dio para que este libro sea una realidad. Dios me convirtió en una guerrera en favor de ustedes. Fue y seguirá siendo el amor de esposa, madre y la fuerza del Espíritu Santo lo que me impulsa a pelear muchas batallas para levantarlos y protegerlos. Y sigo aquí, sosteniéndolos en oración, jamás los dejaré caer.

A Alejandro Gento. Este libro es un hermoso legado para Sofía y para ti. Su matrimonio será ejemplar. Oré por el hombre que Dios tenía preparado para ella y llegaste tú. Doy gracias a Dios por tu vida y por traerte a nuestra familia.

A la memoria de mi padre, el pastor David Herrera, quien hubiera sido muy feliz leyendo este libro. Gracias por darme la mejor herencia, amar a Dios sobre todas las cosas. A mi madre, Amalia de Herrera, mujer piadosa y sencilla, que con su ejemplo de amor al Señor y sus oraciones, me hizo la mujer que soy. Juntos le hicieron frente a muchas dificultades y desafíos, pero se mantuvieron firmes hasta que la muerte los separó. Gracias por mostrarme el camino de la fe.

Al ejército de esposas guerreras que Dios está levantando, manteniéndolas fieles y firmes en los duros tiempos de oposición. Mujeres vestidas con favor y gracia para derribar las fortalezas del enemigo con las armas de guerra que el Señor les provee: la fe, el amor y la entrega total. Ellas nacieron para manifestar la belleza del Señor. Nacieron para conquistar lo que les pertenece.

Dios ha establecido mi casa;
ha hecho conmigo un pacto eterno, bien reglamentado y
seguro. Dios hará que brote mi salvación y que se cumpla
todo mi deseo. 2 Samuel 23:5

Prólogo

Estoy convencida de que cada una de nosotras tiene un futuro prometedor. Mi mayor deseo al poner en tus manos este libro es que alcances las bendiciones que Dios tiene para tu matrimonio y tu familia, que comprendas cuáles son las estrategias del Señor para conquistar y encontrar el amor, la paz y la seguridad en tu hogar.

No es fácil abrir el corazón y exponer tu vida, sin embargo, creo firmemente que la historia de mi vida ha sido una de redención y restauración. Sí, los cimientos de mi matrimonio experimentaron una gran sacudida; mi esposo y yo sufrimos la insatisfacción y hablamos muchas veces de divorcio.

Nuestras acciones nos descalificaban para el ministerio pastoral, pero si de algo estoy convencida es que Dios no llama a los perfectos, sino que perfecciona a los que llama. Él nos dio una segunda oportunidad para redimir los errores, así que nos humillamos y ahora estamos viviendo días que nos fueron profetizados: "Yo les compensaré a ustedes por los años en que todo lo devoró ese gran ejército de langostas que envié contra ustedes: las grandes, las pequeñas, las larvas y las orugas. Ustedes comerán en abundancia, hasta saciarse, y alabarán el nombre del Señor su Dios que hará maravillas por ustedes. ¡Nunca más será avergonzado mi pueblo!" Te aseguro que nuestro Padre puede restaurar los años que crees perdidos y hacer que la gloria tardía en tu hogar sea incluso mayor que antes.

Ahora puedo compartirte que el enemigo saqueó muchas cosas en mi hogar, pero a través de la rendición, la fe y la obediencia a Dios, fueron reordenados nuestros pasos. Estos tres ingredientes fueron necesarios para abrir el destino de mi familia y serán indispensables para reorientar tu destino. El botín fue recuperado y puesto en las manos de nuestros hijos como un legado de bendición que llegará hasta mil generaciones. Sé que la lucha no ha terminado, el enemigo odia la unidad de la familia y como león rugiente seguirá rondando, pero ahora puedo enfrentarlo y decirle sin miedo que estoy armada y soy peligrosa. Me siento impulsada a compartir mis experiencias de fe, porque sé que te fortalecerán y desatarán una esperanza fresca en tu corazón.

Casadas y solteras, todas tenemos grandes desafíos que enfrentar respecto a la vida en pareja. Mi deseo es que comprendas que siempre habrá pruebas y necesidades, pero nunca estarás sola si aprendes las técnicas de Dios para tener un buen matrimonio. Las relaciones matrimoniales significativas, exitosas y perdurables se fundamentan en una elección: permitir que nos consuma el amor por Dios y la obediencia a Su llamado para ser ayuda idónea.

He plasmado en este libro las estrategias que Dios me dio durante muchos años de aprendizaje. Para mí, son llaves para abrir las puertas correctas. Cuando el Señor te revela algo, te está dando el permiso para que accedas y tomes autoridad sobre ello, y ahora, Él nos está llamando para aprender a guerrear a Su manera. Proverbios 24:6 declara: *La guerra se hace con buena estrategia; la victoria se alcanza con muchos consejeros.* Así que tienes la victoria que Jesús te dio en la cruz del Calvario. Camina cada día en esa victoria. Dios promete bendecir nuestras generaciones a través de nuestro sí al amor. Este libro es para ti, léelo, disfrútalo, compártelo con tu esposo. Te animará y podrás moverte hacia la conquista de tu matrimonio.

Introducción

Dios está buscando a sus
mujeres guerreras, mujeres
deseosas de restaurar su vida,
su familia y circunstancias.

Era la madrugada del 27 de noviembre de 2006 cuando
el Señor puso en mí la necesidad de escribir este libro para
compartir mis vivencias en el caminar con Cristo, durante el
tiempo que me ha formado como una guerrera espiritual. Así
que este proyecto ha estado en mi corazón por mucho tiempo,
y el mensaje es claro: llegar al corazón de cada mujer,
especialmente aquellas que están librando batallas espirituales

por su identidad, por su matrimonio y por el corazón de sus hijos. No ha sido fácil, las batallas han sido intensas, pero sé que el resultado será extraordinario. Quizá derrames lágrimas conforme leas, y seguramente te sentirás identificada con algunos testimonios; mi intención es inyectarte ánimo y fe inquebrantables. Las palabras que escuché del Obispo T.D. Jakes resuenan fuerte en todo mi ser: "Lo que Dios me da, quiere que lo multiplique en el útero de mi espíritu. Cuando lo dé a luz, será mayor que lo recibido." ¡Esa es mi oración al poner este libro en tus manos!

Hace algún tiempo, el Señor me dirigió una Palabra: *Hijo de hombre, habla con tu pueblo y dile: "Cuando yo envío la guerra a algún país, y la gente de ese país escoge a un hombre y lo pone por centinela, si éste ve acercarse al ejército enemigo, toca la trompeta para advertir al pueblo. Entonces, si alguien escucha la trompeta pero no se da por advertido, y llega la espada y lo mata, él mismo será el culpable de su propia muerte. (Ezequiel 33:1-4)*

Durante mucho tiempo, el Señor me ha puesto como centinela y atalaya de Sus hijos. Esto ha despertado una pasión por hacer sonar la trompeta y advertir a las mujeres sobre la guerra espiritual que libramos a diario en nuestros hogares. Algunas veces, las pruebas largas pueden parecer crueles y las interpretamos como faltas del amor de nuestro Padre celestial, pero no es así. Él tiene un plan del cual tú y yo somos parte. Él puede usar los tiempos difíciles como campamentos de entrenamiento para capacitar a Su ejército y enseñarnos que no debemos tener la razón ante los hombres, sino que debemos usar la autoridad que Él nos ha dado y convertirnos en Sus guerreras victoriosas en favor de nuestros amados. Debemos convertirnos en mujeres que arrebatan en oración y guerra espiritual lo que el enemigo intenta robar. Muchas familias están siendo sacudidas por la aflicción, la tristeza y el dolor. La devastación demoníaca ha llegado de muchas formas, a través del divorcio, el abuso, de hijos rebeldes, de adicciones, pero el resultado siempre es el mismo: una familia, que solía ser feliz, enfrenta separación y dolor. Quizá tu sentir ha sido: "Les daré más amor, más tiempo, más atención, y mientras tanto, seguiré orando". Pero esa actitud no basta. ¡Es tiempo de que tomes la espada del Espíritu y entres a la batalla por el corazón de tu esposo y de tus hijos! Estás del lado ganador, no tienes por qué sentirte derrotada. En el libro de Jueces leemos sobre Débora, una madre que se levantó en Israel para ir al frente de la batalla; de la misma forma, ¡ahora, Dios está esperando que te levantes!

Pongo en tus manos y en tu corazón un llamado urgente a despertar del sueño, sueno una trompeta para advertirte del peligro y mostrarte cómo lograr equilibrio entre la espiritualidad y la acción práctica. *"Así que puse a la gente por familias, con sus espadas, arcos y lanzas, detrás de las murallas, en los lugares más vulnerables y desguarnecidos. ¡No les tengan miedo! Acuérdense del Señor que es grande y temible, y peleen por sus hermanos, por sus hijos e hijas, y por sus esposos y sus hogares"* (Nehemías 4:13-14). Corrían los primeros días de 2002, y me encontraba junto a mi familia en el pozo de la desesperación, abatida en medio de un desierto espiritual. Yo sé que entiendes a qué me refiero. Nos habían inundado los sentimientos de derrota y de fracaso, y por más que oraba, ayunaba y clamaba a Dios, nada sucedía. Hasta que la Palabra del Señor vino a mi corazón y me dijo: *"Ya no vengas más a mí a pedirme que cambie esto o aquello, hazlo tú, porque todo el poder de Mi Espíritu Santo te ha sido dado y ha sido puesto en ti, dentro de tu corazón".* Esto trajo a mi vida un despertar, entendí que Dios me estaba llamando a ponerme en la brecha por mi esposo y por mis hijos para pelear una batalla. ¡Me dio un corazón de guerrera!

Dios está buscando a Sus mujeres guerreras, mujeres deseosas de restaurar su vida, su familia y circunstancias. Mujeres que deseen participar en Su plan de los últimos días. Busca mujeres con corazón dispuesto a aprender, mujeres que no se rinden, que a pesar de todo, se levantan en fe y enfrentan al enemigo. Cuando encuentra una, le da armas para que practique, sana su corazón, la llena de gracia, la fortalece, la empodera para avanzar. Sus músculos se van haciendo cada vez más sólidos, conforme las fibras de la fe, la esperanza, el valor y el amor se consolidan. ¡Estas guerreras forjadas en los brazos de Su Padre no conocen la derrota porque tienen la visión del Rey! Ellas, algún día, gobernarán y tendrán a los enemigos debajo de sus pies. Serán parte del gobierno divino edificado por el cetro de Dios, no por el hombre.

El corazón de una guerrera vive más allá de la edad, la estatura o el color de la piel, y se atreve a creer que son más los que luchan a su lado que en su contra. Los pensamientos de estas hijas obedientes son valerosos, las palabras que escuchan son de coraje y sus acciones son temerarias y decididas. Ellas están siempre en guardia y listas para atacar al enemigo, a quien le dicen con autoridad: "Estamos armadas y somos peligrosas".

Vela en oración, lee la Palabra, obedece a tu Padre y algo sucederá contigo. Iniciamos un tiempo en el que ya no hablaremos de los problemas sino de las soluciones. Ahora nos precederá un ejército que ha sido liberado en favor nuestro y que rompe todo obstáculo. ¡Declarémoslo! Pablo decía: "Creí, por lo cual hablé", así que debemos pronunciar la intervención milagrosa de Dios en medio de nuestras circunstancias, por difíciles que sean. Mantente firme, resiste al enemigo para que huya y las fortalezas sean derribadas. Este es el llamado de Dios a tu vida. Él está inquietando el corazón de las mujeres para convertirlas en guerreras victoriosas.

¡Lo que estás a punto de ver en tu familia se revelará de forma impresionante durante los días por venir! ¡Este es tu destino! Nosotras somos Sus amadas, Sus guerreras victoriosas, redimidas con Su sangre. Estamos cubiertas con la armadura de Dios y el vestido de la sabiduría. Levantémonos y resplandezcamos porque nuestra luz ha llegado. Mostrémosle al mundo Su luz. Vamos en Su nombre porque somos un cuerpo en Él; seamos Sus manos, seamos Sus pies, seamos Su voz. El mundo aún tiene que ver la gloria del Señor todopoderoso... así que movámonos en la autoridad de nuestro llamado, porque el Espíritu Santo está en nosotras, anhela guiarnos con amor y determinación hacia la meta que Dios nos ha trazado. ¡Levántate, mujer, la victoria, la paz y la plenitud te pertenecen!

CAPÍTULO **1**

Encuentra el camino

> "Es mejor cojear por el camino que avanzar a grandes pasos fuera de él. Pues quien cojea en el camino, aunque avance poco, se acerca a la meta, mientras que quien va fuera de él, cuanto más corre, más se aleja."
> —*San Agustín*

Una crisis matrimonial genera mucha confusión, temor, e inseguridad. Entonces, en nuestra desesperación, buscamos consejo en las personas más cercanas, pero nadie ofrece una solución. Es allí donde se buscan las salidas más fáciles y rápidas: "Le pediré que se vaya de casa, me divorcio, o me voy de casa con mis hijos". Tristemente, muchas mujeres se perturban ante estas situaciones que terminan afectando su bienestar emocional y físico, además de provocar que tomen el camino equivocado.

Yo lo viví. Enfrenté días sombríos, situaciones sumamente difíciles en mi matrimonio, épocas en las que podía decir como Job: *Mi queja sigue siendo amarga; gimo bajo el peso de su mano. ¡Ah, si supiera yo dónde encontrar a Dios! ¡Si pudiera llegar adonde él habita! Ante él expondría mi caso; llenaría mi boca de argumentos. Podría conocer su respuesta, y trataría de entenderla.* (Job 23:1-4)

Con todos esos sentimientos de angustia en mi corazón, iba en mi vehículo y me estacioné frente a la escuela de mis hijos. Sumergida en un mar de pensamientos sobre qué hacer con mi matrimonio, las lágrimas corrían por mis mejillas. Me sentía sola, devastada, alejada de Dios. Fue entonces que el clamor salió desde lo más profundo de mi ser y dije: "Dios, si realmente me escuchas, dime cómo encuentro el camino de regreso a mi hogar, a mi felicidad". La respuesta no tardó en llegar. En ese momento, una mujer se acercó y me dio una tarjeta muy hermosa, con un texto aún más hermoso: "Mujer, tú eres un regalo de Dios, estás en la palma de Su mano, Él quiere sanarte, consolarte y llenar todo vacío en tu corazón".

De inmediato supe que Dios estaba hablándome y que había más, mucho más. Era una invitación de un ministerio de mujeres, pero más que eso, era una invitación a volverme a Dios.

Inmediatamente supe que era la respuesta que necesitaba. Dios mismo me estaba diciendo: "Las cosas nunca van a cambiar hasta que tú no te sientas amada por mí, no van a cambiar hasta que no te sientas realizada y satisfecha conmigo. Hasta que no tengas una relación personal, intensa conmigo". Muchas mujeres entramos al matrimonio necesitadas más que enamoradas. Algunas pensamos: "Mi esposo me hará feliz", sin embargo, la satisfacción que buscamos no puede venir de otra persona, viene solo de Dios. Nuestro esposo puede afirmar nuestro corazón, pero no puede darnos validación porque solo la encontramos en Dios. Comprender esta verdad hace la diferencia en nuestra vida y en nuestra perspectiva del matrimonio.

Durante los siguientes días busqué el lugar más cercano para reunirme con estas mujeres piadosas, convencida de que había emprendido el camino de regreso a casa. Comprendí que Dios es el Creador del matrimonio, por lo que ninguna relación matrimonial puede prosperar sin Él. Le rendí mi vida nuevamente, rendí a Sus pies mi matrimonio y mi familia. Cuando me quedaba sola en casa, sobre todo en las mañanas, cuando mis hijos se iban a la escuela, corría a mi habitación como corre una novia en busca de su amado. Se despertó en mí una sed de hablar con Él en oración, de cantarle y de leer Su Palabra; fue entonces que le dije: "Señor, no sé si este matrimonio se salvará, y si no sucede, no sé qué será de mí y de mis hijos, pero ahora, en este preciso momento, solo quiero conocerte, enamorarme de ti".

Dios me llevó a leer Oseas 2:14-16: *Por eso, ahora voy a seducirla: me la llevaré al desierto y le hablaré con ternura. Allí le devolveré sus viñedos, y convertiré el valle de la Desgracia en el paso de la Esperanza Allí me corresponderá, como en los días de su juventud, como en el día en que salió de Egipto. En aquel día —afirma el Señor—, ya no me llamarás: "mi señor", sino que me dirás: "esposo mío".*

> **Solo en el amor de Dios hallamos reposo para nuestras almas, y recibimos refrigerio y restauración.**

La prueba que estaba viviendo en mi matrimonio me acercó más a Dios. A lo largo de los siguientes meses, me enseñó más acerca de la fe que se requiere para caminar en intimidad con Él; me enseñó a conocerlo como mi Esposo más que como mi Señor. Estaba llenando con Su amor todos los vacíos que mi esposo nunca podría llenar, porque solo Dios tiene el poder y la habilidad para acabar con la esperanza postergada de sentirnos amadas, protegidas y rescatadas. Aprendí que la mayor preocupación de una mujer que desea tener un matrimonio restaurado debe ser volverse a Dios, alegrándose y regocijándose en el amor del Señor y no apresurando a su cónyuge que se ha alejado. ¡El verdadero gozo solo lo encontraremos en los brazos de Dios!

La única manera de prepararnos para conquistar nuestro matrimonio es a través de un conocimiento y de una relación íntima con nuestro Padre celestial. Dios quiere salvarte y salvar tu casa que está en ruinas. Cuando todo parece perdido, Él siempre está cerca de ti y será fiel para librarte. Sin embargo, debes saber que no puedes acudir a Jesús solo para que te saque de apuros, solo para recibir alivio o para que restaure tu matrimonio. Debes acudir a Él por amor, porque es digno de recibir tu adoración y tu obediencia.

No te acerques solamente para negociar con Él. Que tu meta sea amarlo sobre todas las cosas y sentirte cubierta con Su amor, no reparar una relación frustrada. Dios te ama tanto que comenzará por sanarte a ti, tú serás Su prioridad, para luego tratar con tu matrimonio. Él comenzará a reparar tu corazón roto y a sanar lo que causó el colapso en tu relación, ya que de lo contrario, cometerías los mismos errores. Vuelve a los brazos de tu primer amor: Dios. *Pero tengo contra ti, que has dejado tu primer amor.* (Apocalipsis 2:4)

Puesto que debes ser renovada y revivida, necesitas desesperadamente volver a la fuente. ¡Levántate en fe ahora mismo! Si ahora no puedes ver el camino delante de ti, si piensas que todo en tu matrimonio han sido mentiras, si sientes que tu matrimonio está muerto, recuerda lo que Jesús dijo: *"Yo soy el camino, Yo soy la verdad y Yo soy la vida"* (Juan 14:6). No es suficiente dejar el pecado, es necesario volverse a Dios y al hacerlo, hay que volverse del todo, no solo hacer pequeños intentos por volver al camino correcto. Job 22:21 dice: *Sométete a Dios; ponte en paz con él, y volverá a ti la prosperidad. Acepta la enseñanza que mana de su boca; ¡grábate sus palabras en el corazón! Si te vuelves al Todopoderoso y alejas de tu casa la maldad, serás del todo restaurado.*

Ahora te ves caída y derrotada, pero, si te vuelves a Dios, te aseguro que te levantarás de nuevo, y serán reparadas tus ruinas. Tu familia será edificada con hijos, tu casa con riquezas, y tu alma con santidad y consuelo. Vuélvete a Dios si has perdido la esperanza; mientras lo haces, Él te cubrirá bajo Sus alas y descongelará tu corazón. Mientras te vuelves a Él, comenzará a regar el terreno seco de tu vida y despertará en ti un deseo intenso por Su cercanía. Esto es algo que debes considerar. Todo lo que el Señor requiere es que hagas el esfuerzo por volver a Su lado y pasar tiempo en la llama de Su presencia; esa cercanía hará la obra. Allí, a Su lado, se soltará Su calor sobre tu corazón para despertarlo y revivirlo. No olvides que Dios está más hambriento y apasionado por ti, de lo que tú estás apasionada por Él.

Mantén el rumbo. Rehúsate a ceder ante la derrota y la intimidación. Búscalo y permite que Su glorioso rostro brille en ti. Permite que la verdad de Su Palabra sea tu timón y regocíjate. Entrégale tu dolor, déjalo ser tu Hacedor; Él es el único que puede hacer que lo imposible se vuelva posible en tu matrimonio y en el corazón de tu esposo. Su especialidad es restaurar las cosas rotas y salvar lo que parece perdido.

Porque el Hijo del hombre vino a buscar y a salvar lo que se había perdido. (Lucas 19:10)

Dios quiere que camines con Él diariamente, momento a momento. Quiere que le permitas ser tu Señor. Entonces, mantendrá Sus ojos fijos en los tuyos, y dejarás de enfocarte en tus problemas; Él tomará tu mano y te dirigirá y aconsejará. Te mostrará el camino de Su soberana voluntad, afirmará tus pies para que te mantengas firme en medio del proceso de restauración de tu matrimonio. Ya no lo buscarás para que te saque de apuros, lo buscarás por amor.

Me había quedado dormida llorando una de tantas noches oscuras, cuando en la madrugada, escuché una voz que me dijo: *"Con todo, jamás te negaré Mi amor, ni Mi fidelidad te faltará"*. Son palabras del Salmo 89:33. Desde entonces, esa Palabra me ha sostenido y cuando vienen las adversidades, las repito. Una y otra vez, Dios ha sido muy creativo para mostrarme cuánto me ama y me cuida para que yo pueda comprender la profundidad de Su interés por mí.

Hoy, mi esposo me puede decir que me ama, mañana quizás lo olvide; pero yo me siento completa por el toque de la mano del Señor. T.D Jakes lo dijo con más elocuencia: "El amor de Dios sana con un toque lo que el hombre no puede sanar con muchos toques". Cuando todo en la vida te va mal, Dios habla más fuerte. Él puede guiarte a través del caos, y tú puedes confiar plenamente en que no te fallará. Cuando vengan las tragedias, Él no te dejará caer. Este nivel de fe quizá haga que algunos se burlen y se rían, pero es el tipo de fe que libera el agua que toda mujer necesita para sobrevivir. Si sacias tu sed en Él, no te sentirás reseca en presencia de la gente. No caminarás por la vida con ojos vulnerables y una expresión de duda en el rostro. Te levantarás cantando en la mañana, te sentirás satisfecha durante el día y completa en la noche, porque has encontrado a Aquel que ama tu alma. Solo en el amor de Dios hallamos reposo para nuestra alma, y recibimos refrigerio y restauración.

Mujer, escucha lo que el Amado de tu alma te habla este día, extiende tu mano hacia el Rey en esta hora, porque te está adornando con Sus joyas del pacto eterno, que son el amor, la sanidad y la fidelidad inquebrantable para que te mantengas firme y proclames las revelaciones y glorias que el Señor, tu Dios, te ha dado en el lugar secreto. Porque de ti saldrá Su gran poder sanador para tu matrimonio, tu casa, y tu familia.

Muchos verán la grandeza de Dios a través de tu obediencia. Isaías 30:20-21 dice: *Aunque el Señor te dé pan de adversidad y agua de aflicción, tu maestro no se esconderá más; con tus propios ojos lo verás. Ya sea que te desvíes a la derecha o a la izquierda, tus oídos percibirán a tus espaldas una voz que te dirá: «Éste es el camino; síguelo.»*

Hoy es el día para que te vuelvas a Él sin importar lo que estés viviendo, este es un tiempo para que le abras tu corazón y lo hagas Señor de tu vida. Su gracia es suficiente para ti. Lleva toda carga al pie de la cruz, tómate de Su mano y comienza a caminar a Su lado. Y haz tuyas las palabras de Romanos 8:37-39: *Sin embargo, en todo esto somos más que vencedores por medio de aquel que nos amó. Por lo cual estoy seguro de que ni la muerte, ni la vida, ni los ángeles, ni los principados, ni las potestades, ni lo presente, ni lo por venir, ni lo alto, ni lo profundo, ni ninguna otra cosa creada nos podrá separar del amor que Dios nos ha mostrado en Cristo Jesús nuestro Señor.*

> La mujer que conoce a Cristo como el amante de su alma es rica en verdad, este es un romance que el tiempo no erradicará.
> –*T.D. Jakes*

Este es un tiempo para volver a tu primer amor, no podemos esperar milagros con una vida espiritual a medias, las cosas con Dios son todo o nada. La gloria del Señor te cubrirá y te impulsará hacia adelante; no desmayes, sigue intentando, has sido llamada para avanzar, ¡no retrocedas!, haz tu mayor esfuerzo; el galardón es grande, no lo pierdas; fortalécete en el Señor, delante de Él, de rodillas, con aflicción de espíritu, y verás ganada la batalla. Él restaurará tu matrimonio si lo sigues y lo obedeces.

Pasos prácticos
para acercarte a Dios

1. Cree que Dios te ama irrevocablemente, que ante sus ojos eres preciosa, valiosa y digna de honra, y que Él anhela profundamente estar contigo.

2. Cree que has sido atraída al lugar secreto, ese lugar donde lo buscas a solas en oración, a través de la obra completa de la cruz. Deja ir el afán, la duda, el temor y comienza a relacionarte con Él de una manera nueva.

3. Aparta un tiempo todos los días para acercarte a tu Señor, para mostrarle tu amor, y para buscarlo con fe. Él está ansioso por ver lágrimas de amor en tus ojos. Marca este tiempo en tu calendario diario como prioridad, y no permitas que nada te distraiga o entretenga.

4. Si vienen distracciones al adorar y orar, no te desanimes. Insiste y recuerda que no es cantidad de tiempo, sino calidad de tiempo con Él. El Señor honrará tu esfuerzo. Incluso si pasas una hora entera luchando contra distracciones mentales, es mejor a no pasar tiempo con el Señor en absoluto. Él te recompensará. Sigue batallando, alcanzarás la victoria.

5. Escribir en un diario ayuda a recordar las promesas que te ha dado. Quizá quieras anotar lo que Él te revela, y también puedes escribirle cartas de amor. Puedes meditar sobre estas cosas y fortalecer tu fe.

6. Pasa tiempo todos los días leyendo tu Biblia, y deja que Dios hable a tu corazón. Busca oportunidades a lo largo del día para expresarle tu amor al Señor. Mantén esto como prioridad en tu vida. A Él le encanta que le demuestres tu amor, es un regalo que aprecia especialmente. Expresa tu amor tanto verbalmente como a través de la oración y la alabanza a lo largo del día.

El Señor te dice

Permanece en calma y quédate en paz mientras comienzas a resolver los detalles de las situaciones actuales. Pídeme, y Yo te daré sabiduría para saber cómo manejar cada problema y las posibles dificultades.

Permite que Mi luz amanezca en la oscuridad de tu alma, porque ciertamente, Yo te daré la revelación necesaria para abrirte paso, dice el Señor, pero debes confiar en Mí.

Ven y derramaré Mi gloria una vez más. Yo ungiré esas áreas con mi aceite fresco. Permíteme refrescar aquello que se ha secado y quebrado. Permíteme soplar y resucitar aquellas cosas que han muerto en tu vida. No te desanimes porque estas cosas vendrán a la vida en cuanto Yo ponga mi unción sobre ellas. Yo repondré aquellas áreas que han sido secadas y desoladas, y refrescaré las áreas que han estado estériles.

Echa fuera el peso de la derrota. Ten por seguro que me moveré de nuevo de una manera poderosa en medio tuyo. Este período de sequía cesará y Mi gloria traerá frescura sobre ti, y limpiará todas tus heridas y cargas. Derramaré revelación en tus tiempos de estudio de Mi Palabra.

No persigas las cosas en lo natural para obtener una relación personal Conmigo. No luches por Mi favor o trates de correr en tus propias fuerzas, porque así como vienes delante de Mí, Yo te liberaré de tus preocupaciones, tus cargas y ansiedades. Soltarás los temores de lo que te depara el futuro. Ven a pedir sabiduría y dirección para tu vida. Preséntame tus peticiones y has que tus sueños me sean conocidos; ven con tus oraciones y peticiones. Este es el lugar que te llevará al siguiente nivel. Este es el lugar donde encontrarás gozo inefable y te llenarás de Mi presencia. Este es el lugar en donde Yo te daré paz.

No te rindas ahora. Has permanecido fiel en tiempos difíciles, y te has mantenido firme a través de las pruebas de fuego. No retrocedas porque Yo estoy a la puerta. No te desilusiones ni creas las mentiras del enemigo. Regresarás mucho más fuerte de lo que te fuiste. Ríndete a Mí y déjame llenarte una vez más. No tengas miedo de la oscuridad, porque seguramente verás Mi gloria acelerarse más de lo que nunca has visto. No te estanques, confía en Mí, porque Yo haré lo que he prometido. A medida que te sometas a Mí una vez más, no sufrirás hambre espiritual, sino que rebosarás de aceite fresco, dice el Señor.

Oremos

Mi querido Jesús, yo vengo a Ti para ser restaurada, para renovar mi lealtad y para recibir toda Tu gracia y misericordia. La necesito desesperadamente en este día. Separada de Ti, mi vida está seca y desolada. Perdóname por intentar hacer Tu voluntad sin habitar en Tu presencia. Señor, te necesito desesperadamente. Te abro mi corazón para que hagas tu morada en él. Lávame con Tu preciosa sangre, límpiame de mi maldad y mi pecado, y dame una nueva vida.

Este día, me comprometo a regresar a mi primer amor. Enséñame, Señor, a considerar la intimidad contigo como la más grande medida de mi éxito. Muéstrame el camino a seguir y condúceme por verdes pastos, restaura mi alma. Yo escucharé y obedeceré Tu voz, porque sé que me darás la victoria sobre el enemigo. Mi familia y yo viviremos y declararemos Tu Palabra. ¡A Tu lado, somos fuertes y victoriosos! Déjame ver

Tu gloria; revélame Tu bondad. Guíame, Espíritu Santo, hacia la fortaleza espiritual de la presencia de Dios. Amén.

Acudo a Ti, Jesús

Hoy acudo a Ti, Jesús, con corazón suplicante.
Quiero esconderme bajo la sombra de Tus alas;
y esperar en Ti, segura, confiada.

Hoy acudo a Ti, Jesús, con corazón contrito y humillado
porque sé que si te tengo a Ti, lo tengo todo.
Tú eres mi sol, eres mi escudo.

Hoy acudo a Ti, Jesús, con sumisión reverente.
Encontrar tu dulce rostro quiero.
Descansar en la palma de Tu mano hasta ver el amanecer
de esta noche oscura.

CAPÍTULO **2**

Un corazón de guerrera

Vamos caminando dormidos a
través de la vida.
Para encontrar el camino que
nos saque de este bosque,
debemos volvernos al corazón.
–Johh Eldredge

Ser una mujer con un corazón de guerrera no tiene nada que ver con tu aspecto físico o con la fragilidad o fortaleza que proyectes. Ser una mujer guerrera no es algo que se aprende en una academia militar. Tú puedes tomar todo el entrenamiento, pero a menos que tengas un corazón de guerrera, te quedarás paralizada cuando vengan las batallas. El uniforme no hace al soldado sino su corazón valiente. Esa es la razón por la que algunas desertan en tiempos de guerra, y un desertor, jamás podrá ser útil para una guerra, ya que si huye de una batalla, huirá de todas las que vengan. Al contrario, Dios siempre responderá el clamor y luchas de un corazón puro y desesperado que desea enfrentar al enemigo, aunque no sepa cómo hacerlo. Podrías negar esta guerra por tu matrimonio, podrías cerrar los ojos y no tener conciencia de lo que ocurre, podrías huir de la línea de combate y escapar lo más lejos posible a la retaguardia; incluso podrías minimizar el peligro, pero esas actitudes no eliminan el conflicto, no evitan que el enemigo ponga sus ojos en ti y te hiera.

Si quieres ir a la conquista de tu matrimonio y del corazón de tu esposo, la batalla inicial es por tu corazón. Ningún soldado puede ir herido a la guerra. Conquistar, del latín conquisitáre, sugiere ganar mediante operación de guerra, conseguir algo, generalmente con esfuerzo, habilidad o venciendo algunas dificultades, lo cual requiere fuerza y energía.

Proverbios 4:23 nos aconseja: *Por sobre todas las cosas cuida tu corazón, porque de él mana la vida.* Tu corazón es un tesoro muy valioso, es un lugar especial en donde se encuentran los atributos de tu personalidad, tus pensamientos, voluntad, emociones y sentimientos. Cuando enfrentas una crisis matrimonial, muchos ataques vienen a tu mente y a tus emociones, porque son áreas vulnerables que el enemigo intenta invadir estratégicamente para ejercer control sobre ti. Si él es capaz de controlar tu mente y tus emociones, controlará tu destino y el tiempo que necesitas para alcanzar tu propósito, por lo tanto, lo que necesitas ahora es navegar con más victoria, poder y fundamento hacia la restauración de tu vida y tu matrimonio. Debes estar alerta y convencida de que tienes un enemigo que intentará robar tu libertad, matar tus sentimientos y destruirte. Este adversario sabe que si logra entrar en tu corazón, la victoria será suya y tú serás aniquilada. Si niegas la batalla que se está librando en tu interior, el ladrón robará, matará, destruirá.

Ahora que lees este libro quizá te sientas profundamente herida, traicionada, amargada y sola. Tu corazón está roto. Recuerdo muy bien mi transitar por esos días en los que mi matrimonio y mi familia estaban en ruinas y buscaba a Dios en oración, pero ya no tenía palabras, solo lágrimas. Una de esas noches, tuve un sueño. Los ladrones estaban saqueando mi casa, yo observaba cómo cargaban todo en camiones. Me acerqué a uno de ellos y le pregunté angustiada: "¿Por qué se lleva lo que es mío?" Y él respondió: "Si arrancas lo precioso de lo vil, serás del todo restaurada". El sueño continuó y vi a mi esposo llegar a casa; comencé a quejarme con él y me dijo: "No te preocupes, el Señor dijo que estará con nosotros todos los días".

¡Si arrancas lo precioso de lo vil, serás del todo restaurada! Esta es una promesa que se encuentra en el libro de Jeremías. Es Dios mismo consolando al profeta ante su queja. El pueblo de Israel estaba en cautiverio a causa de su pecado, de su libertinaje y de apartarse de la ley de Dios. Y dice: *¿Por qué mi dolor no tiene fin, ni mi desahuciada herida admite ser sanada? ¿Seguirás siendo para mí tan ilusorio como las aguas de un espejismo?* Jeremías 15:18

Pero Dios, incluso en esa terrible situación, les da la promesa de restaurarlos y lo leemos en Jeremías 15:19-20: *Por eso, así ha dicho el Señor: Si te vuelves a mí, yo te restauraré, y tú estarás delante de mí. Si entresacas lo precioso de lo vil, serás como mi boca. ¡Haz que ellos se vuelvan a ti, pero tú no te vuelvas a ellos! Entonces yo te pondré en este pueblo como un fuerte muro de bronce. Ellos pelearán contra ti, pero no te vencerán, porque yo estoy contigo. Yo te protegeré y te defenderé. —Palabra del Señor.*

> Al diablo le aterra que las mujeres recuperen la identidad que les fue robada, y se dan cuenta que fueron creadas a la imagen de Dios para dominar.
> –Jane Hamon

Entonces, comprendí que Dios quería restaurar primero lo espiritual, lo invisible, lo eterno, la belleza de mi corazón, quería hacer de mí una mujer a Su imagen, para luego restaurar mi matrimonio. La palabra restaurar tiene varios significados que podemos encontrar en la Biblia. Uno de ellos es la palabra hebrea sho, shoá que significa precipitarse sobre algo, tempestad, devastación, alboroto, asolamiento, asolar, calamidad, destrucción, quebrantamiento. Cuando te casas, tu corazón ha encontrado un lugar, sin embargo, pocas veces reflexionamos en el hecho de que llevamos a nuestro matrimonio el corazón. Un corazón lastimado, sin sanar correctamente, es duro, alejado del propósito original de Dios. Seguramente por eso, Jesús dijo que el divorcio se produce por la dureza de corazón. Muchas veces nos enfocamos en las circunstancias o en lo mucho que estamos sufriendo, pero es la dureza de nuestro corazón la que provoca que se separen dos corazones que comenzaron como uno. Nuestro entendimiento se nubla, por lo tanto, no tenemos la capacidad de distinguir entre lo bueno y lo malo. Cuando nuestro corazón quebrantado se combina con nuestro pecado, se produce un estilo de relación que nos destruye. Los rencores, las heridas, las traiciones y los pleitos nos dejan mutilados, ciegos y paralizados en sillas de ruedas espirituales.

Lo que te comento sucedió en mi caso. Los primeros cinco años de nuestro matrimonio fueron tormentosos, aún así, Dios nos bendijo, incluso permitió que compráramos una casa nueva. Era muy difícil acoplarnos, había peleas constantes, además, los dos nos involucramos en nuestro trabajo y en vivir de manera independiente, lo cual hizo que nuestros corazones se desconectaran de Dios y uno del otro. Benjamín tenía un trabajo muy próspero, pero ya no lo veíamos en casa; salía muy temprano y muchas veces, eran las diez de la noche y todavía estaba en su oficina.

Como era de esperarse, al relacionarnos más con las personas del trabajo que entre nosotros, un día de tantos, el adulterio tocó a nuestra puerta, y se inició un tiempo de mucho dolor y tristeza. Vivíamos juntos, pero divorciados emocionalmente. Salíamos con los niños, íbamos a la iglesia, comíamos juntos, pero todo era indiferencia, enojo, celos, desconfianza. Ambos sabíamos lo que estaba pasando, sin embargo, lo ignorábamos y seguíamos con nuestra vida; ninguno de los dos quería enfrentar la verdad.

Dios, en Su amor y misericordia, comenzó a redarguir mi corazón. Él ya había llenado muchos de los vacíos de mi alma atribulada, y aunque estaba muy lastimada, en lo profundo de mi, latía la esperanza. Los problemas cada vez eran más grandes y nuestros hijos ya lo estaban resintiendo. Tomé la decisión de renunciar a mi trabajo, me aparté de toda situación que provocara más problemas y tensión. No fue fácil y sin darme cuenta, caí en una terrible depresión. Fueron días tormentosos, porque ese estado de ánimo te afecta personalmente, hiere a tus hijos y a quienes te rodean. A pesar de ello, había una fuerza dentro de mí que me decía que siguiera adelante. Mientras le entregaba a Dios mi corazón hecho pedazos, comencé a experimentar una sanidad extraordinaria y la capacidad de escuchar Su voz. Él me estaba guiando, me mostraba las salidas y a través de la oración, la alabanza y la lectura de la Biblia, encontraba gozo y paz. Por lo que puedo decirte que encontramos la transformación solo en la presencia de Dios.

Durante las mañanas, cuando los niños se habían ido a la escuela, tenía la oportunidad de alejarme de todo para que mis pensamientos y mi corazón se sincronizaran con los del Señor. Escuchar prédicas en mi pequeña grabadora ayudaba mucho. Cierta vez, luego de una prédica, escuché la palabra profética que habían incluido y que decía: "Esto es lo que te dice Jehová de los ejércitos: Yo estoy contigo, voy delante de ti y también soy tu retaguardia. Guardo tu diestra y guardo tu siniestra. Voy con mis ángeles acompañándote. Voy siguiéndote en la batalla. Tú, hija, pones la velocidad; tú, hija, marcas la pauta para lo que haremos, porque mis ángeles van contigo. Mi Palabra y Mi poder van sobre ti. Avanza hija mía: saldrás de la necesidad, saldrás de la calamidad, saldrás de la angustia, saldrás del pozo de la desesperación, porque es Mi mano la que te levanta, te dice Jehová tu Dios, quien es tu Padre. Es Mi amor y misericordia los que te levantan, te dice tu Dios. Es Mi consolación la que te liberta, te dice tu Dios. Anda y ve, levántate en el poder del Espíritu Santo, anda y ve, córtale la cabeza a los gigantes, anda y ve, porque Yo estoy contigo, te dice tu Dios, tu Señor".

Esa mañana terminé quebrantada, de rodillas en el piso de mi cocina, con el rostro cubierto de lágrimas, ya no de dolor sino de gratitud ante el amor de Dios, quien me ama con eterno amor y que cuando el esposo falla, inmediatamente toma Su lugar. (Isaías 54 y 62). Muchas veces no necesitas entender por qué Dios permite que sufras, ya que, con el tiempo te das cuenta de que Él no desperdicia una herida. Todo el lodo que la vida te ha echado encima solo son preciosas gemas que servirán para adornar tu corona, porque la mujer sabia es corona de su marido y donde hay una mujer conforme al corazón de Dios, el hogar siempre será un dulce hogar.

Consciente de que cuando tu cónyuge te ha herido, lo que menos deseas es orar por él, yo oraba, y mientras lo hacía, Dios ponía amor para él en mi corazón. Cuando fluimos con el amor del Señor, los milagros comienzan a ocurrir a nuestro alrededor. El enemigo siempre busca distraernos y redirigir nuestro enfoque hacia todo tipo de controversias y problemas. Quiere llenar nuestra mente y corazón con pensamientos y sentimientos perturbadores. Quiere atrapar nuestra atención para que miremos a cualquier cosa menos a Dios. Quiere vernos fruncir el ceño, desalentados y atemorizados, todo lo opuesto a la fe. Pero el amor cubre multitud de pecados.
(1 Pedro 4:8)

Muchas veces me daban las tres de la mañana esperando que mi esposo llegara; al entrar, hacía como que dormía para no reclamarle. Orar me daba mucha paz y sabiduría de Dios. La oración es el antídoto contra la ansiedad que te tortura cuando se ha perdido la confianza. Cuando él se dormía, ponía mi mano en su cabeza y le pedía a Dios que me devolviera su amor, que lo trajera de vuelta a casa, porque aunque seguíamos allí, bajo el mismo techo, éramos solamente compañeros de dormitorio. Había mucha hostilidad. Cuando esto sucede en un matrimonio, una cosa pequeña puede activar la ira y el enojo. Es como si se sintiera una gran satisfacción en atacar y herir al cónyuge. Gálatas 6:8 dice: *Los que viven solo para satisfacer los deseos de su propia naturaleza pecaminosa cosecharán, de esa naturaleza, destrucción y muerte.*

> Despierta a la heroína de la fe que vive dentro de usted y crea osadamente que usted puede marcar una diferencia.
> —*Michal Ann Goll*

Una mañana, por una pequeñez, discutimos muy fuerte; yo sentía una gran opresión en mi pecho. Mi esposo se fue y yo me tiré en la cama a llorar. Era la mejor manera de liberar el dolor, me sentía impotente, triste, ¡mi matrimonio estaba muriendo! Muchas veces, cuando enfrentamos situaciones tan dolorosas solo se nos ocurre llorar. Los psicólogos dicen que llorar es bueno porque tiene beneficios para la salud, además de ser una natural manera de desahogarse, de liberar el estrés y la frustración. Pero llorar porque algo que amas se murió es diferente. Esto le sucede a María Magdalena ante la muerte de Jesús. Ella estaba llorando en el sepulcro, estaba tan triste y desconsolada que no percibió que Él estaba justo a su lado mientras ella lloraba. En Juan 20:15-16 lo vemos: *Jesús le dijo: —¿Por qué lloras, mujer? ¿A quién buscas? Ella, pensando que se trataba del que cuidaba el huerto, le dijo: —Señor, si usted se lo ha llevado, dígame dónde lo ha puesto, y yo iré por él. —María —le dijo Jesús. Ella se volvió y exclamó: —¡Raboni! (que en arameo significa: Maestro).*

Jesús le habló a su feminidad, "¿Por qué lloras, mujer?", pero al notar que ella no lo reconocía, la llamó por su nombre. Él conocía su aflicción y su dolor, y conoce el de cada mujer que sufre ante los problemas que amenazan su matrimonio. Quizá ahora mismo, en medio de tu sufrimiento, no lo sientes o piensas que te abandonó, pero justo ahora que sientes desgarrado el corazón, vuelve la mirada a tu Hacedor que te dice: *Ya no te llamarán Abandonada, ni a tu tierra la llamarán desolada, sino que serás llamada Mi Deleite; tu tierra se llamará Mi esposa y tu tierra tendrá esposo.* (Isaías 62:4)

Así que, esa mañana me dijo: "¿Por qué lloras?" Pero agregó una frase más: "No es tiempo de llorar, es tiempo de pelear". Me levanté de la cama con una fuerza superior, sentí el poder del Señor que te hace fuerte en medio de tu debilidad y supe que era el momento de arrebatar lo que era mío. Cuando Dios pone un pensamiento en tu mente y corazón, solo espera tu obediencia y tu fe. En este momento, mi fe era pequeña, pero suficiente para ir a la conquista de mi matrimonio.

Mi corazón de guerrera se estaba despertando y estaba dispuesta a hacer cualquier cosa para obtener el milagro de la restauración. En ese momento, reconocí que mi enemigo no era mi esposo; la Biblia dice que tengo un enemigo que viene a robar, matar y destruir, pero que Jesús vino para que mi familia y yo tuviéramos vida y vida en abundancia (Juan 10:10). El Señor de los ejércitos me estaba llamando para enlistarme en Sus filas, me capacitó para oír Su corazón y salir a guerrear por mi esposo, por mis hijos y pelear una batalla creyendo que las armas de nuestra milicia no son carnales sino espirituales y poderosas en Dios para la destrucción de fortalezas (2 Corintios 10:4). La batalla que enfrentaría no sería en contra de personas o situaciones, sino en contra del eterno enemigo.

Así que me levanté de la cama y le hablé en voz alta diciendo: "Demonios que perturban a mi esposo, tomo autoridad sobre ustedes en el nombre todopoderoso de Jesús. Ustedes buscan destruir este hogar, pero no les permitiré que lo hagan. Estoy sentada junto con Cristo en autoridad espiritual. Conozco bien mi posición y mis derechos. Ato en el nombre de Jesús todo espíritu contrario al Espíritu Santo que esté estorbando nuestra relación matrimonial. Les ordeno que quiten sus manos de nosotros. Les ordeno que liberen la voluntad de mi esposo para que pueda ser libre de su opresión. Yo declaro que sus pensamientos son llevados cautivos a la obediencia de Cristo, en el nombre de Jesús. Mi casa, y mi familia están cubiertos con la sangre de Jesús y vestidos con la armadura de Dios. Estamos sentados en los lugares celestiales con Cristo". Luego, repetí, pero con mis palabras, lo que está escrito en 2 Samuel 7:28-29: "Y ahora Señor mi Dios, Tú que le has prometido tanta bondad a Tu sierva, ¡Tú eres Dios, y Tus promesas son fieles! Dígnate bendecir a la familia de Tu sierva, de modo que bajo Tu protección exista para siempre, pues Tú mismo, Señor omnipotente, lo has prometido. Si Tú bendices a la dinastía de Tu sierva, quedará bendita para siempre".

Si bien es cierto que Dios quiere darte un corazón de guerrera, un corazón de carne, también debes comprender que la sanidad no es instantánea. Esta batalla requerirá todo el coraje y la valentía que puedas tener. No hay atajos, ni fórmulas fáciles de 1, 2 y 3. Tenemos la Palabra de Dios para instruirnos y Su Espíritu Santo para limpiarnos, darnos entendimiento y discernimiento, eso es todo lo que necesitamos. Siempre debemos escoger confiar en Él. Muchas veces en mi vida me he sentido defraudada, pero escojo decir: "Sus caminos no son mis caminos" y continúo en Él. Le pido que se lleve las decepciones de mi vida y me ayude a alinear mis pensamientos con Sus pensamientos.

Transfórmate en vencedora

Ya había avanzado un gran trecho, venciendo muchos obstáculos. Había comprendido que en un matrimonio siempre habrá malos entendidos, diferencias, ofensas, pero creo que nunca habíamos hablado tan claro del estado de nuestro matrimonio. Mi oración fue efectiva. Al día siguiente, desperté con una cita bíblica en mi pensamiento, la misma que había leído antes de dormir en 1 Corintios 5:6-8: *Hacen mal en jactarse. ¿No se dan cuenta de que un poco de levadura hace fermentar toda la masa? Desháganse de la vieja levadura para que sean masa nueva, panes sin levadura, como lo son en realidad. Porque Cristo, nuestro Cordero pascual, ya ha sido sacrificado. Así que celebremos nuestra Pascua no con la vieja levadura, que es la malicia y la perversidad, sino con pan sin levadura, que es la sinceridad y la verdad.* La palabra levadura se utiliza a menudo en la Biblia para referirse a pecado o corrupción. Jesucristo dijo a Sus discípulos: "Guárdense de la levadura de los fariseos y saduceos" y "guárdense de la levadura de los fariseos, que es la hipocresía".

Dios quería limpiar y restaurar mi corazón, y en ese momento sentía muy fuerte el impulso de despertar a mi esposo y pedirle perdón por mis propios errores, por todos los secretos guardados en mi corazón. Dios me estaba pidiendo ser honesta y sincera con él, pero no sabía cómo reaccionaría. Una voz desde mi interior me inquietaba: "Despiértalo". Lo desperté y le dije que teníamos que hablar. Le confesé mis faltas y le pedí perdón; lo que menos esperaba era que él reaccionara de la misma manera y me pidiera perdón. Nos arrodillamos al pie de nuestra cama y juntos le pedimos perdón a Dios. Era el momento que el Espíritu Santo había preparado y la respuesta a mi oración del día anterior, solo Él podía quitarnos el corazón de piedra y darnos un corazón de carne. Lo que vivimos los días posteriores fue hermoso, un amor nuevo, Dios nos estaba dando la oportunidad de un nuevo comienzo.

En una crisis matrimonial, atravesamos por tiempos de confrontación y contienda. Sin embargo, Dios te da las armas, la osadía y la valentía para salir victoriosa. La decisión es tuya porque tienes dos opciones: sanarte o esconderte en tu dolor. No retengas nada, ninguna de tus agendas ocultas, ambiciones egoístas, viejos rencores y falta de perdón. Ora y espera el momento oportuno para confesar con un verdadero arrepentimiento tus faltas. Nosotras también fallamos y si estás ansiosa de recuperar el amor de tu esposo, debes hacerlo a la manera de Dios. Si lo haces a tu manera, fracasarás y saldrás más lastimada. Ahora mismo, Él te dice: "Solo clama a Mí, y Yo lo haré por ti. Vendré a ti, supliendo todo lo que necesitas para mantener tu corazón limpio y quebrantado ante Mí."

> He aprendido que la verdadera libertad afecta a las futuras generaciones, y que puedo trabajar con Dios para manifestarla.
> —*Sharon Stone*

Dios reescribirá tu historia matrimonial, así que debes deshacerte de todo lo que pueda contaminar tu corazón. Como la polilla y el orín corrompen en el mundo natural, lo mismo sucede con las cosas que escondemos en nuestra alma y terminan pudriéndose. La falta de perdón vuelve agrio nuestro corazón, la ira produce amargura, la decepción produce incredulidad, es entonces que decimos: "Como Dios no lo hizo antes, no confío en que pueda hacerlo ahora". Debemos guerrear para conservar el control de nuestro corazón. Perdonar a un cónyuge que ha quebrantado los votos matrimoniales en cualquier aspecto no es tarea fácil, pero cuando comprendes que Jesús ya pagó el precio en la cruz del Calvario, no solo perdonas, sino que abandonas todo deseo de venganza, todo dolor y descubres que tienes un propósito y lo que hagas de ahora en adelante, afectará a tus generaciones.

En lo más profundo de ti, late el corazón de una vencedora. La palabra vencer sugiere ganar luego de una dura lucha. Somos guerreras valientes. Recuerda, estás luchando desde la victoria, no para la victoria. Cristo ha obtenido la victoria. Nosotras solamente tenemos que movernos en lo que Él nos ha proporcionado. ¡Toma tu posición!

Estos son los días cuando las tropas del Ejército de Dios saldrán voluntariamente y dispuestas (Salmo 110:3). Haremos historia y cambiaremos al mundo. Dios decidió con exactitud el momento de nuestro nacimiento. Verdaderamente, estamos en el Reino para un tiempo como este. Considera el hecho de que tú no tuviste absolutamente ninguna voz en decidir la hora de tu nacimiento, porque fue el plan de Dios en marcha, Él decidió que serías un gran instrumento en Sus manos.

El Señor te dice: "¿Serás un arma en Mis manos? Mientras danzamos esta pieza, mantén tus ojos fijos en los Míos. No mires a derecha o izquierda. No te preocupes por lo que estoy derribando o edificando en tu vida y tu matrimonio. Mantente a Mi lado. Sigue mirándome y juntos nos pondremos de pie en la brecha para ver cómo el Reino se manifiesta en tu vida, en tu matrimonio y tu familia. ¿Bailamos esta pieza?"

Un corazón de guerrera

Hay una fuerza interior que Dios ha puesto dentro de ti que te ha capacitado para resistir aún en las circunstancias más hostiles. Somos vasos frágiles, pero no débiles. Nuestra alianza con Dios nos ubica en la posición de ser más listas que las tramas y maquinaciones del enemigo. Quizá has aguantado tiempos difíciles en tu vida que te han traído cosas dolorosas y duras, y has luchado batallas que te han dejado extenuada. Pero ahora, Jehová de los ejércitos te asegura que, por la confianza depositada en Él al unirte a Sus filas, obtendrás la victoria.

Esta era la convicción en mi corazón, y aunque me sentía cansada a veces, seguía firme en mi lucha. Dios había prometido ángeles a mi alrededor para cuidarme, así que, una mañana, recibí un mensaje en mi teléfono que me llenó de fe, esperanza y fortaleza. La persona que me envió este mensaje no me conocía, excepto por un correo electrónico que le reenviaron con una palabra profética que yo había compartido. Pero el Señor estaba hablándole de mí y decía: "Sierva de Dios, tengo una palabra de Dios para ti y está en Génesis 32:24-30. Es tuya y Dios me dijo que tienes que ir a la guerra por las promesas no cumplidas, ve y arrebátalas. Dios tiene cobertura y cielos abiertos, y tu casa y los tuyos están cubiertos por ángeles. Ve, es el tiempo porque de cierto esperabas una señal y ya te la di, porque sabías que sola no podías, ni con tus fuerzas, pero ve, porque vas con toda

Mi fuerza y con tres legiones de ángeles. Tú sabes de qué se trata, así que solo actívala y ve por ese premio, porque Dios te lo da, debido a que has creído y luchado aún con fuerzas propias, Débora. Dios dice: Eres Débora espiritual, por tu corazón, por tu convicción, por tu compromiso, y por tu carácter. Ve con toda Mi fuerza, dice el Señor tu Dios. Sierva ungida y amada por Dios, Él está contigo y hoy tu mano será Su mano, ve. Desde hoy, Dios te pasa a una nueva dimensión por la cual has pagado ya un precio, lágrimas y dolor, los últimos dos años de tu vida. Solo gózate y actívalo. Darás a luz hijas espirituales con tu mismo ADN espiritual, que hablarán como tú, tendrán tu pasión, tu compromiso y excelencia. Eres multiplicada".

Estoy convencida de que esa unción guerrera caerá sobre ti, mientras te aferras a esta palabra profética. Así que quiero animarte a que le creas a Dios por la restauración de tu matrimonio, porque tienes la promesa de que Él está contigo, tiene el control y mientras te rindes delante Suyo como fiel soldado, tus músculos espirituales se fortalecerán.

Yo aprendí el arte de combatir contra el enemigo de Dios luego de un prolongado entrenamiento y experiencias. Aprendí que la responsabilidad de un soldado de Cristo abarca el servir y consagrarse a sus habilidades con el único afán de cumplir la misión y el engrandecimiento del nombre de Jehová de los ejércitos. El adiestramiento debe penetrar el alma y el corazón del soldado. Quien actúa solo porque se lo ordenan tiene menos posibilidades de resistir la disciplina militar. Si un soldado no se encuentra preparado física y mentalmente para el combate, lo enfrentará con una idea errónea y muchas veces con miedo.

¿Estás lista para convertirte en parte del ejército de Dios? No avanzaremos en la victoria a menos que nos decidamos a tomar las armas espirituales y salgamos a guerrear. Debemos mantener nuestros ojos espirituales abiertos para ver y vivir otra realidad. Por lo tanto, la gran convocatoria de estos tiempos es enlistarnos en las filas del gran ejército de Dios. Es de esta manera que comenzaremos a expandir Su Reino y estaremos apropiándonos de Su poder a través de Su Espíritu para vencer ante las dificultades y dar solución a los problemas. Nosotros tenemos necesidades y nos enfrentamos a problemas todos los días, pero también tenemos el poder del Espíritu Santo a nuestra disposición, si le creemos.

Uno de los días de más intensa batalla por mi matrimonio y mi familia, estaba triste, desanimada, me sentía sin fuerzas. Tomé el teléfono y llamé a la línea de oración de una radio cristiana, necesitaba una palabra de aliento. Me contestó una voz masculina. Oró por mí y luego dijo: "Amiga, yo no te conozco, pero esto es lo que dice tu Dios: Él está poniendo en tus manos unas llaves, son las llaves del infierno. Veo allí cajas blancas con moños rojos. Adentro está todo lo que Satanás te ha robado. Hoy, el Señor te da autoridad para que vayas y recobres todo lo que te ha robado. Ya no es tiempo de estar solo sentada esperando que todo venga". Este no es un tiempo para ser una perezosa espiritual, ni para estar sentada en la silla de la desesperación, ¡estás en guerra! El enemigo te odia, odia tu matrimonio y la unidad familiar. Levanta tus manos en este preciso momento y recibe el aliento de vida, el Espíritu Santo hará que resurja la guerrera que llevas dentro. ¡Es tiempo de que las guerreras del Reino tomen su lugar en la batalla, es tiempo de que se pongan las botas y lancen gritos de guerra, porque la conquista por su matrimonio ha comenzado!

> Dios está tomando de la mano a las mujeres que saben darse a respetar, pero que no abandonan el campo de batalla.

Isaías 52:1-2 dice: *¡Despierta, Sión, despierta! ¡Revístete de poder! Jerusalén, ciudad santa, ponte tus vestidos de gala, que los incircuncisos e impuros no volverán a entrar en ti. ¡Sacúdete el polvo, Jerusalén! ¡Levántate, vuelve al trono! ¡Libérate de las cadenas de tu cuello, cautiva hija de Sión!*

Revestirse de poder, en el original, significa potestad y autoridad. Dios te está diciendo: "Quiero que seas revestida de autoridad, no tengas temor, y llama a las cosas que no son como si fueran, para crear de la nada con el poder de tus palabras".

¡Estamos en un tiempo de guerra!

- Un tiempo para despertar a las bendiciones y dejar de deambular por el desierto (Oseas 6:1-3).
- Un tiempo para quebrantar los rituales de religiosidad (Juan 2:1-10).
- Un tiempo para que una nueva realidad de Su poder se revele a Su Pueblo (Juan 4).
- Un tiempo en el cual nuestra fe está siendo probada (Salmos 66).
- Un tiempo en el cual nuestra visión y provisión para nuestro futuro están siendo liberadas (Génesis 22).
- Un tiempo para manifestar una nueva y audaz identidad (Ester 5).
- Un tiempo donde el Señor nos revelará Su plan para restaurarlo todo (Lucas 19).
- Un tiempo para ver los deseos de Dios sobre nuestros enemigos (Salmos 92).
- Un tiempo para sonar una alarma clara sobre el plan del enemigo para tomar tu herencia (2 Crónicas 20).

En enero de 2004, llegó a mis manos una guía profética que proclamaba que durante ese año, la unción de Elías y la unción que operó en Débora emergerían para provocar cambios y renovación en las relaciones del hogar y en la Iglesia, lo cual traería restauración de matrimonios quebrados y de familias, se levantarían mujeres en el ministerio, muchos hombres frustrados en su llamado serían levantados como generales con la unción impartida por Dios a sus esposas. Espíritus de alto nivel de Satanás, a quienes los hombres no habían podido derrotar, caerían por la unción de Débora en esposas, madres y hermanas de muchos varones. Me aferré a esta palabra profética y continué peleando por la restauración de mi matrimonio. He visto y palpado su cumplimiento en mi vida y he visto a Dios ir delante de mí, como poderoso guerrero, acompañándome en la batalla. Las mujeres guerreras y proféticas hablarán palabras de vida a los huesos secos en sus hogares, sus matrimonios, sus hijos, su trabajo, su comunidad y su nación.

Dios nos prepara para lo que está por venir. 2 Timoteo 3:1 dice: *Ahora bien, ten en cuenta que en los últimos días vendrán tiempos difíciles.* Durante este tiempo de ataques al matrimonio y la familia, el Señor nos enseñará cómo manifestar Su Reino y Su poder. Nos levantaremos y brillaremos en medio de la oscuridad que cubre la tierra y manifestaremos el poder y la gloria de Dios (Isaías 60).

La unción de Débora y Jael está disponible para ti ahora (Jueces 4). Quizá algunas de ustedes, como Jael, están casadas con un esposo que anda lejos del Señor. Quizá, como Heber, él ha cedido a los deseos del mundo y ambos se encuentran en senderos espirituales diferentes. El Señor dice que por la historia de Jael, tú tienes la autoridad espiritual para derribar las fortalezas que mantienen cautiva la mente de tu esposo y le impiden adorarle, llevándolo a caminar lejos de Dios. Eres capaz de derrotar el plan del enemigo en tu casa y necesitas saber que tu Padre honrará tu fidelidad a Él, de una manera más grande y poderosa de lo que lo hizo con Jael.

La historia de Jael va más allá de su propia casa. Sus acciones afectaron a su familia y a la nación entera. Su fidelidad liberó a Israel de la opresión de Jabín y Sísara, la que el pueblo había sufrido durante veinte años. ¡Ellos fueron derrotados por las manos de una mujer! ¿Quién pensaría que una mujer ordinaria destruiría a un general poderoso? Tu fidelidad, alineada a la autoridad que Dios te ha dado, provocarán la victoria en tu casa, y tu nación, por todas las generaciones venideras. Cuando estás vestida con el poder de Dios, nada impuro, ningún incircunciso pueden entrar en tu vida. Dios te ha dado la autoridad para que te levantes como guerrera, y declares sobre tu vida que nada ni nadie puede interponerse en los planes y propósitos que Él ya ha decretado para ti y para tu familia.

Es mi deseo y oración que conozcas a Jehová Sabaoth, Señor de los ejércitos, el mejor guerrero. Él es tu comandante en jefe en el cielo y en la tierra, y está buscando a sus mujeres guerreras, las Débora de este tiempo que no le teman a las tormentas de la vida sino que se remontan sobre estas.

Nos encontramos guerreando en contra de las fuerzas de la oscuridad que procuran impedir que recibamos la gloria de Dios en nuestra vida y familia. Si el poder de Satanás nos convence de que los milagros no son para hoy, entonces hemos perdido la batalla. Hay personas que hablan mucho sobre el poder de Satanás, y a él le agrada eso, pero no han tomado en cuenta que ese poder no es omnipotente ni es todopoderoso, porque ya está completamente derrotado, ya que Jesús le arrancó todo vestigio de autoridad. Ya no tiene poder ni autoridad para gobernar nuestra vida. Jesús lo expuso públicamente en la cruz. *Y despojando a los principados y a las potestades, los exhibió públicamente, triunfando sobre ellos en la cruz.* Colosenses 2:15

Cuando el enemigo viene en contra nuestra como soldados de Cristo, debemos recordar que más de sesenta veces, en el Antiguo y en el Nuevo Testamento, Dios nos dice: "No temas". Necesitamos mantenernos firmes en la fe y en el conocimiento de la voluntad de Dios para nuestra vida. Esta es la única manera en la que podremos echar fuera el temor.

Debemos tener el conocimiento abrumador de quién es Cristo dentro de nosotras y quiénes somos nosotras en Él. Es nuestra identidad en Cristo la que terminará por hacernos mujeres valientes y esforzadas. La mujer que desea tener el poder y la unción del Espíritu Santo, debe caminar con Dios y tener intimidad con Él. Debe mantener siempre abierto su corazón, sus ojos y oídos espirituales para escuchar la voz del Señor con claridad. Él te dirá Sus secretos, en el lugar secreto. Tu alianza con Dios te pondrá en la posición de ser más lista que las maquinaciones y trampas del enemigo, porque te enseñará cómo discernir sus planes perversos. Arrojará luz sobre las cosas oscuras, enderezará lo torcido y allanará los lugares escabrosos. Dios estará a tu lado y te ayudará. Movámonos hacia adelante con el latido del corazón de Dios y creamos para que el cielo toque la tierra. ¿Estas lista? ¿Oyes el ritmo del cielo? Bien, el ejército de Dios está en marcha. ¡Fuerte y valiente, mi soldado!

Pasos prácticos
para convertirte en una
guerrera espiritual

Somos transformadas por un Dios sobrenatural que viene a mezclarse con nuestro espíritu, convirtiéndonos en una nueva criatura con naturaleza celestial, el mismo ADN de Dios ¡viene a residir en nosotras! Su plan se centra en éstos importantes conceptos:

1. Arrepiéntete

En el mundo natural, cuando un soldado se une a un ejército, debe renunciar a cualquier filiación a otro ejército o país. Cuando te unes al ejército de Dios, debes arrepentirte de tu vínculo con el pecado y con el reino de Satanás. Esto se logra mediante el arrepentimiento. *No he venido a llamar a justos sino a pecadores para que se arrepientan* (Lucas 5:32). Este cambio de mentalidad y de volverse del pecado no puedes lograrlo por ti misma. El poder de Dios es el que produce el cambio en tu mente, corazón y vida. Por tanto, para que sean borrados tus pecados, arrepiéntete y vuélvete a Dios, a fin de que vengan tiempos de descanso de parte del Señor, ya que desea dártelos (Hechos 3:19). No te quedes sumida en la tristeza, en la frustración o en la amargura cuando la solución está tan cerca de ti. No puedes abrazar lo nuevo si no te despojas del rencor, la culpa, la vergüenza, y el pecado. Necesitas rendirte a este proceso de perfeccionamiento para avanzar y ser llevada a un nuevo nivel espiritual.

2. Ábrele tu corazón a Jesús

Cuando pides perdón por tus pecados experimentas la conversión que significa volverse. Cuando la conversión está alineada al arrepentimiento bíblico, alcanza un nuevo significado: volverse del camino errado al camino correcto. *Para que les abras los ojos y se conviertan de las tinieblas a la luz, y del poder de Satanás a Dios, a fin de que, por la fe en mí, reciban el perdón de los pecados y la herencia entre los santificados* (Hechos 26:18). Jesucristo no es una religión, ni una tradición, es una forma de vida, una relación personal con Él, con el Padre y con el Espíritu Santo.

Oremos

Hoy confieso a Jesús como mi Señor y Salvador. Creo en el sacrificio que hizo por mí en la cruz y por virtud de la gracia de Dios, soy una nueva criatura en Cristo Jesús. Las cosas viejas pasaron y todas son hechas nuevas. Yo soy la obra maestra de Dios y fui creada para buenas obras, las cuales preparó de antemano para que anduviera en ellas. Por gracia, soy salva y ahora soy testigo de la justicia de Dios en Cristo. Para mí no hay más condenación y no ando conforme a la carne, sino conforme al Espíritu. Por medio de la sangre de Cristo, tengo redención y el perdón de mis pecados; por lo tanto, Dios me ha librado de la potestad de las tinieblas y me ha trasladado al reino de Su amado Hijo. No soy de este mundo, ni estoy controlada por las leyes de este mundo. Pecado, muerte, enfermedad y pobreza no tienen poder sobre mí, porque el Espíritu de vida en Cristo me ha liberado. En el nombre de Jesús. Amén.

3. Recibe tu nueva identidad

Cuando vamos a la batalla, peleamos desde una perspectiva de hijos, así que tenemos un mayor nivel de autoridad porque somos parte de la familia del Altísimo. Solo con esta identidad clara podremos ejercer autoridad espiritual sobre el enemigo. Cuando te veas como hija de Dios, podrás decirle con gran autoridad a cada enemigo que se retire de tu tierra prometida.

Gálatas 4:6-7 asegura: *Ustedes ya son hijos. Dios ha enviado a nuestros corazones el Espíritu de su Hijo, que clama: ¡Abba! ¡Padre! Así que ya no eres esclavo sino hijo; y como eres hijo, Dios te ha hecho también heredero.* Una razón por la que muchos viven en derrota y fracaso es que no comprenden quiénes son en Cristo. Sin importar el reto, no salgas corriendo, quédate y lucha por lo que es tuyo por derecho. Levántate y declara con valentía quién eres en el Señor.

4. Obedece

Cuando hablamos de luchar por nuestra transformación personal o cuando luchamos por nuestra familia, ciudad y nación, el Señor de los ejércitos es a quien debemos obedecer en la batalla. Si queremos tener éxito en nuestra lucha, debemos ver al Señor como el gran comandante que es, el único a quien seguimos. Él es dueño y gobernante del Universo. El Señor del poder en la tierra como en el cielo. *Lo siguen los ejércitos del cielo, montados en caballos blancos y vestidos de lino fino, blanco y limpio* (Apocalipsis 19:14). Para tener autoridad, debemos permanecer bajo la autoridad de Dios, porque si nos alejamos de Su mando, nos colocamos en una posición muy peligrosa. El enemigo de nuestras almas anda como león rugiente buscando a quién devorar. Si ve que uno de los hijos de Dios se sale de su lugar de seguridad, estará listo para devorarlo. ¿Por qué la obediencia es tan placentera para Dios? Porque prueba que en verdad lo amas y confías en Él. Jesús dijo: *Si ustedes me aman, obedecerán mis mandamientos.* (Juan 14:15)

5. Pelea la buena batalla de la fe

Es importante recordar las promesas que Dios ha hablado sobre nosotras. Esas palabras nos darán consuelo, dirección y serán como ancla firme para nuestra fe. Pablo le dijo a Timoteo que peleara la buena batalla de la fe con las profecías que había recibido (1 Timoteo 1:18). En otras palabras, en los tiempos difíciles que Timoteo estaba experimentando, Pablo le dijo que pensara en las palabras que había recibido y que las utilizara como arma para pelear sus batallas. Guarda tu corazón, pero no escondas tu rostro. Dios no ha terminado contigo. Él tiene un plan para tu vida y tu matrimonio. Si pierdes el optimismo, le das la victoria al enemigo. Pon tu esperanza en el poder de Dios.

Mientras resistes al enemigo, tu carácter e integridad se harán tan evidentes que saldrás como oro refinado en el horno. Las batallas pueden ser muy feroces, pero conforme soportas las pruebas, demostrando que eres buen soldado y no cedes a las circunstancias, tu fe crecerá y será más eficaz. Así como las uvas son trituradas a través de un proceso, esta prueba traerá mucho fruto a tu vida, si soportas y permaneces firme y constante. Dios te mostrará cómo ajustarte en los tiempos duros, porque Él te creó para ser más que vencedora y para elevarte por encima de las situaciones difíciles. ¡Tu vida no está acabada!

El Señor te dice

¡Hay más, mucho más! Abre tus ojos y atrévete a recibir Mi favor sobre ti en este nuevo día. Estira tus manos y atrévete a volver a soñar. Prometí secar todas las lágrimas de desesperanza y renovar tus sueños ahora frustrados. ¿No soy Yo el Dios de la resurrección que puede soplar nueva vida en lo que está muerto? ¿Es esto demasiado difícil para mí? ¡Seguro que no! Tus sueños no están muertos, solo dormidos. Hija de Sión, ¡Levántate! Vuelve a creer en Mí. Atrévete a creer en lo imposible y lo recibirás mientras avanzas en una nueva realidad sobrenatural. Yo te escogí para un tiempo como este y serás Mi hermosa Débora o Jael en la tierra de los vivientes, levantando lo que estaba muerto, liberando a los oprimidos y redimiendo lo que estaba perdido.

Yo soy el Señor de los ejércitos, el Maestro de las artes militares y te he equipado con una flamante espada para esta época de guerra. Ven y toma Mi consejo para que Yo pueda darte discernimiento y estrategias específicas para la victoria. En Mi presencia, allí encontrarás sabiduría para operar en los lugares donde te mueves, allí encontrarás consejo, pregúntame y te responderé. Yo te levanto como a Débora para recibir Mis estrategias de guerra, que pondrán a tus enemigos en tus manos. Tus oraciones y guerra espiritual harán que te eleves a un nuevo nivel de precisión y eficacia conforme diligentemente busques y sigas el consejo de Mi Santo Espíritu. Ejercita la fe violenta y la confianza en ti con gozo y expectativa de victoria, porque Yo, el Señor de los ejércitos, estoy contigo.

Mi estandarte sobre ti es la victoria. Si velas y te conectas espiritualmente Conmigo, verás que has sido destinada para la victoria. No importa cuáles sean tus probabilidades, no importa cuán intensa sea la guerra, no importa el nivel de corrección que necesitas, no importa lo que estés pasando en este momento, comprende que es un tiempo de guerra y el enemigo está acechando. Toma la determinación de ganar porque Yo estoy contigo, siempre guiándote hacia el triunfo, siempre llevándote y cuidando de ti. ¡No estás sola en esta lucha! ¡Yo te animo a seguir peleando la buena batalla de la fe! Levántate y declara tu victoria en los cielos. Escribe un decreto de victoria. Levántate y entra en la batalla. ¡Yo estoy contigo, dice el Señor!

Oremos

Mi amado Señor, yo anhelo atender a la voz de Tu llamado. Afirmo como Habacuc: *Decidí mantenerme vigilante. Decidí mantenerme en pie sobre la fortaleza. Decidí no dormir hasta saber lo que el Señor me iba a decir, y qué respuesta daría a mi queja.* (Habacuc 2:1)

Con un corazón dispuesto, recibo la unción guerrera que tienes para mí. Abre mis ojos para que pueda ver el camino hacia la victoria. Deseo entrar en un nuevo lugar de intimidad y comunión contigo, para recibir nuevas estrategias que acaben con el poder del enemigo. No temo ensuciarme las rodillas. Confiada vestiré toda la armadura de Dios (Efesios 6). Recibo la espada del Espíritu y la luz de Tu presencia. Porque Tú eres mi fortaleza poderosa, y quien pone al íntegro en su camino. Sé que estoy en tus poderosas manos, no me inquietaré por el futuro o por las circunstancias que puedan venir.

Programaré mi pensamiento de guerrera y pelearé la buena batalla de la fe. Tú haces mis pies como de cierva, y me afirmas en mis alturas. Tú adiestras mis manos para la batalla, y mis brazos para tensar el arco de bronce. Me has dado el escudo de tu salvación y tu ayuda me engrandece. Bendito eres Señor, Tú eres mi más alto escondite, mi libertador, mi escudo, en quien me refugio. Dame fuerzas y úngeme con el mejor perfume. Cubre con Tu preciosa sangre mi espíritu, mi alma y mi cuerpo. Sé que estás conmigo como Jehová de los ejércitos, hazme ver la caída de mis adversarios y la derrota de mis enemigos. No me dejaré intimidar por ninguna persona o circunstancia. Me basta Tu gracia; mi triunfo es seguro porque eres mi Redentor, quien vive y me sostendrá con amor. Instrúyeme, Señor, en Tu camino para conducirme con fidelidad. Dame integridad de corazón para temer Tu nombre. Amén.

Soy una guerrera victoriosa

Soy una guerrera que no está más dormida.
Me estoy elevando en mi propósito divino.
Emergeré junto a mi Comandante en jefe
a conquistar lo que el enemigo intenta robarme.

Soy una guerrera valiente y esforzada,
mi estandarte es la fe, la esperanza y el amor.
No me amedrento ni temo porque estoy vestida
de fuerza, honor y toda la armadura de Dios.

Soy una guerrera valiente y esforzada.
Pertenezco a una generación de mujeres
que saben cómo conquistar las puertas del enemigo,
con Jehová Nissi como estandarte de victoria.

Soy una guerrera valiente y esforzada.
Le sirvo a mi Dios que se deleita en ayudarme,
el Todopoderoso que despliega Su poder en mi camino
y adiestra mis manos para la batalla.

CAPÍTULO **3**

Descubre tus fortalezas

Nunca conoceremos la victoria
de Cristo en su plenitud,
si no hasta que dejemos de
reaccionar como seres humanos
a nuestras circunstancias.
–*Francis Frangipane*

Después de ganar alguna experiencia en la batalla, los soldados usualmente reciben entrenamiento avanzado en áreas específicas de guerra. En los tiempos cruciales de mi matrimonio, el Espíritu Santo me guió a interceptar los planes del enemigo, porque con toda su furia buscaba matar, robar y destruir lo que Dios tenía para nosotros como familia. Había perdido la esperanza de que las cosas pudieran cambiar y parecía que mis pensamientos se habían alineado con los del enemigo, a quien la Biblia identifica como padre de mentiras (Juan 8:44), por lo que constantemente me decía: "Ya luchaste hasta lo imposible por este matrimonio, pero no está funcionando, será mejor que te divorcies, él nunca cambiará". Ahora entiendo que este enemigo siempre intentará confundir nuestros pensamientos. Cuando estás peleando una batalla por la restauración de tu matrimonio, necesitas saber que no puedes aceptar sus mentiras o poner tu confianza en tu belleza física, tu apariencia o tu inteligencia.

Hace tiempo, leí a través de Facebook algo que me hizo ver cuántas mujeres caen en las trampas tan sutiles del enemigo. El mensaje decía: "¡Atención amigas! Este lunes, únete a la campaña *De perdedora a ganadora*... Dedicaré toda la semana a revelarte por qué te falta suerte en el amor. Basta ya de mentiras, engaños y humillaciones mientras tú lo das todo. Mis consejos te enseñarán cómo ganar en el juego del amor. Te aseguro que al final de la semana, serás una mujer segura que no se conforma con cualquiera. ¡Riega la voz entre tus amigas y comparte esta invitación!"

Con ese mensaje reflexioné que en primer lugar, ya soy ganadora porque soy hija de Dios. Él por amor a mí, dio Su vida en la cruz del Calvario y me lo confirma en Su Palabra que dice: *Más bien, en todo esto salimos más que victoriosos por medio de Dios, quien nos amó. Pues estoy convencido de que ni la muerte ni la vida, ni los ángeles ni los poderes diabólicos, ni lo presente, ni lo que vendrá en el futuro, ni poderes espirituales, ni lo alto ni lo profundo, ni ninguna otra cosa creada podrá separarnos del amor de Dios que se encuentra en nuestro Señor Jesucristo* (Romanos 8:37-39). La victoria no me la da el amor de un hombre, porque el verdadero gozo solo se encuentra en los brazos amorosos de Dios.

Cuando estás frente a un problema matrimonial, necesitas poner toda tu confianza en Dios y en las promesas de Su Palabra. El enemigo es capaz de engañarte para apartarte de tu dependencia de Dios de formas casi inadvertidas, pero con plena confianza puedes decirle: *"Satanás, eres un mentiroso, yo puedo mantenerme firme porque Dios es mi fortaleza"*. Si perseveras en tu fe, cada vez podrás discernir mejor la voz del Señor y entonces sabrás que todo lo que el diablo te diga es exactamente lo contrario.

El Padre conoce las debilidades de nuestro corazón por lo que nos dio un Maestro, Consolador y Amigo para guiarnos en todo. Solo sometiéndonos al Espíritu Santo y a través de Jesús, podremos pedir de acuerdo a la voluntad de Dios y no a lo que dictan nuestras emociones o sentimientos. Solo con Su ayuda podemos orar con autoridad genuina. Romanos 8:26-27 dice: *Del mismo modo, y puesto que nuestra confianza en Dios es débil, el Espíritu Santo nos ayuda. Porque no sabemos cómo debemos orar a Dios, pero el Espíritu mismo ruega* por nosotros, y lo hace de modo tan especial que no hay palabras para expresarlo. Y Dios, que conoce todos nuestros pensamientos, sabe lo que el Espíritu Santo quiere decir. Porque el Espíritu ruega a Dios por su pueblo especial, y sus ruegos van de acuerdo con lo que Dios quiere.

El Espíritu Santo nos enseña todas las cosas, y a través de las duras pruebas en mi matrimonio, me enseñó que no era víctima sino victoriosa. Mientras más buscaba llenarme de Dios, más se abría mi entendimiento espiritual para comprender que a través de las fortalezas que Él me dio, yo tenía en mis manos el poder para cambiar las circunstancias de mi matrimonio.

Creada para ser ayuda idónea

La Biblia es clara en cuanto al papel que Dios delegó a la mujer como ayuda idónea. Génesis 2:18 comparte: *Y el Señor Dios dijo: No es bueno que el hombre esté solo; le haré una ayuda idónea.* Así que cada día es una oportunidad para asumir nuestro papel y debemos tomar la decisión de hacerlo, porque cada reto que enfrentemos con la actitud correcta nos encamina a ser coherederas de la gracia de la vida, por lo que debemos asumir dicha identidad.

Era una cálida madrugada de un 6 de abril, cuando Dios me dio un sueño que aunque me llenó de temor me pareció hermoso. Me encontraba en la cocina cuando de pronto un viento huracanado comenzó a soplar sobre la casa. A través de la puerta y de las ventanas entraban violentamente restos de madera y basura. Me aferré a una de las paredes para no caer y cerré los ojos hasta que la tormenta se calmara. Cuando todo cesó, escuché que alguien tocaba a la puerta. Era una amiga a quien no veía en mucho tiempo y llevaba en sus manos un manto de múltiples y alegres colores. Lo puso en mis manos y susurró: "¡Fuerte y valiente mi soldado! ¡Fuerte y valiente!" Luego de estas palabras, desapareció. Desperté sobresaltada, pues el sueño fue muy real. Desde entonces, aquellas palabras han resonado una y otra vez en mis oídos, llenándome de una fuerza superior, ya que un manto se relaciona con la cobertura del Espíritu Santo y la protección de Dios. Ezequiel 16:8 dice: *Tiempo después pasé de nuevo junto a ti, y te miré. Estabas en la edad del amor. Extendí entonces mi manto sobre ti, y cubrí tu desnudez. Me comprometí e hice alianza contigo, y fuiste mía.* ¡Qué palabras más reconfortantes! A través de la sangre de Jesús con la que sellamos el nuevo pacto, Dios ha prometido protegernos, defendernos, libertarnos y bendecirnos, especialmente cuando enfrentamos situaciones que pueden llenarnos de culpa y vergüenza.

No es inusual que el Señor revele estrategias con sueños y visiones, de hecho, Dios Padre salvó la vida de Su Hijo Jesucristo con un sueño. El rey Herodes intentó destruir a Jesús, pero el Padre dio a José un sueño que incluía una estrategia y dirección divina para escapar hacia la seguridad. Sí, la batalla por mi matrimonio era real, pero Dios estaba revelándome las fortalezas con las que me equipó como mujer para derribar las murallas que se levantaron. Las mujeres ocupamos un lugar privilegiado e importante en el mundo. Es imperativo que tú, como hija de Dios, conozcas ese lugar, esa posición y te empoderes. Si no conoces tu posición, no puedes funcionar adecuadamente en tu hogar. El diseño divino fue darle compañía al hombre porque la soledad no es buena, por lo que Dios completó Su plan creando a la mujer de una de las costillas de Adán, para hacerla su esposa (Génesis 2:18-25).

> Lo que Eva perdió en el árbol
> del Edén fue restaurado en el
> árbol del Calvario, y dotado
> de poder el día de pentecostés.
> *–Bonnie Chavda*

Cuando Dios creó a Eva, la llamó Ezer Kenegdo. La palabra Ezer significa ayuda divina y es usada en la Biblia para describir la ayuda de Dios en tiempos de necesidad. Este término Ezer aparece muchas veces en el Antiguo Testamento, y en dos oportunidades hace referencia a la mujer; en el resto, se refiere a la ayuda que viene directamente de Dios Padre para la humanidad. En la concordancia Strong aparece de esta manera # 5828 (Hebreo = ezer) socorrer-ayudar. Strong # 5826 (Hebreo = ezer), de la raíz: envolver protegiendo, proteger o socorrer: ayudar, dar socorro en términos de batalla.

Definitivamente, esta palabra no significa ser asistente, ya que viene de un contexto de ayuda militar, que significa fortaleza y rescate. Eva estaba capacitada con las armas más poderosas para cumplir, junto a Adán, la misión de ejercer dominio sobre la tierra. Ambos debían señorear, multiplicarse y sojuzgar. Así que Eva es esencial, no adicional; ella tiene una tarea especial que cumplir y para esto, Dios la ha dotado de una devoción fiera, una habilidad para soportar grandes adversidades. Eva fue la primera en la tierra que cayó en la trampa de los hábiles engaños de Satanás, pero también fue la primera en exponerlo como el engañador y mentiroso que es. A menudo nos referimos a Satanás como nuestro enemigo, pero la verdad es que es al revés. ¡Nosotras somos sus enemigas!

Solo tu visión ante tus problemas pueden limitar el potencial que Dios te dio. Si anhelas salir victoriosa, debes permitir que Dios quite la venda de tus ojos. Puede que ahora no reconozcas esas fortalezas ni aún tu valor como mujer, pero la crisis que atraviesas será el medio que Dios use para sacar a relucir tu grandeza y virtud. Has sido llamada a vestirte de luz, porque la guerra en tu matrimonio es real. Por esa razón, el enemigo te odia; la Biblia dice que habrá una guerra eterna entre Satanás y la mujer. Génesis 3:15 dice: *Pondré enemistad entre tú y la mujer, y entre tu simiente y la de ella; su simiente te aplastará la cabeza, pero tú le morderás el talón.* ¿A qué se refiere con que su simiente le aplastará la cabeza? La respuesta es evidente, el rescate que Dios envió vino a través de la mujer y su poder de dar a luz. Dios escogió traer a Su Hijo al mundo, no por los cielos ni aún por una mujer embarazada por un hombre, sino por una mujer valorada, honrada y amada por Dios. Jesús vino a la tierra por el poder de una mujer que lo dio a luz. Es por ello que durante siglos hemos visto el odio y la violencia en contra de la mujer. El plan del enemigo es destruir su influencia. Por eso, el capítulo anterior te hablaba de llevar tus heridas a Jesús para que sane tu corazón y puedas conocer tu valor e identidad en Cristo. Una vez restaurada, eres libre para ir a la conquista de tu matrimonio. Las armas del enemigo se afilan contra ti día a día, y a menos que sepas quién eres en Él, no podrás permanecer de pie. Por la victoria de Cristo, tú también estás destinada a triunfar.

En mi caso, Dios había hecho una gran obra en mi ser. Yo oraba, clamaba con llanto y ayuno, le pedía a Dios insistentemente que salvara mi matrimonio, pero tal como te compartí anteriormente, un día, el Señor me llamó a la acción. No era que me estuviera abandonando, porque nunca haría algo semejante, menos cuando nos sentimos desprotegidas y abandonadas por un esposo. Te aseguro que cuando el esposo falla, Él toma su lugar. Dios nos tiene tan cerca de Su corazón que nos protege de una manera muy especial. En todo el Nuevo Testamento puedes leer las historias de muchas mujeres a quienes Jesús sanó, libertó y restauró, prodigando Su gracia como el nuevo mandamiento de amor. ¡Dios tiene un concepto tan elevado de la mujer que ni siquiera escucha las oraciones del hombre que no la honra como coheredera del Reino de Dios! (1 Pedro 3:7).

Estás llamada a pararte en la brecha para proteger tu hogar

Dios me estaba llamando a despertar, a tomar mi posición y pararme en el muro. Eso quiere decir que debía convertirme en guardia y centinela de mi hogar. Tenemos el poder y la autoridad para levantar muros de protección alrededor de nuestra familia. Zacarías 9:8 dice: *Entonces acamparé alrededor de mi casa para vigilarla, para que nadie entre ni salga, y nunca más habrá quien oprima a mi pueblo, porque esta vez yo mismo los estaré vigilando.* Muchos matrimonios se están desmoronando ante los feroces ataques del enemigo. La victoria será concedida a aquellas mujeres que disciernen cómo deben cubrir su matrimonio para permanecer firmes en la relación a la que han sido llamadas. No permitas que la reacción de tu cónyuge, las exigencias de tus amigos, o el consejo de los familiares, provoquen que te des por vencida.

Este libro ha sido inspirado en las experiencias de mi vida matrimonial, y lo que he plasmado son las estrategias que Dios me dio durante mis tiempos de oración en medio de estas batallas. Como ayuda idónea, tenía en mis manos el poder de levantar o derribar a mi esposo. Mi mayor deseo era agradar a Dios, entonces, aprendí que mi matrimonio no era precisamente para que yo fuera feliz, sino para que Su nombre fuera glorificado a través de mi vida, que sería plena si yo luchaba. Anhelaba honrar mi matrimonio por obediencia. Así que, conocer en lo que eres fuerte y lo que necesitas mejorar puede ayudarte a pelear esta batalla desde una visión bíblica y no desde la visión humana.

Cuando enfrentamos tormentas y nos sentimos frustradas, se hace más clara nuestra capacidad para vivir en total dependencia de Cristo, porque reconocemos que sin Él no es posible superar las situaciones que nos agobian. Encontrarnos frente a una gran dificultad nos hace confiar genuinamente en el Señor para recibir sabiduría, virtud y fortaleza; lo cual hace evidente que nuestra fuerza es limitada y nos motiva para que le entreguemos nuestro corazón y nuestras cargas al Señor. En medio de las pruebas aprendemos a creer en Cristo, y aunque nos vemos como rotos en pedazos, el Hijo de Dios puede fluir a través de nosotras y renovarnos. El plan básico de batalla para conquistar tu matrimonio está fundamentado en utilizar tus armas espirituales.

Tienes el poder de Su Palabra

Dios no quiere que te preocupes por el futuro o por las circunstancias que puedan venir, sino que le creas a través del conocimiento de Su voluntad plasmada en Su Palabra, y a través de tu docilidad ante el poder del Espíritu Santo. Dios te llama a que pienses como guerrera y tomes la espada del Espíritu, Su Palabra viva. Con esa espada de poder que ha puesto en tu mano, te dice: *"No llores más, pues el heredero del trono de David, a quien se le llama el León de Judá, ha salido vencedor"* (Apocalipsis 5:5). El peso de tu victoria no depende de cuánto te esfuerces y gimas, sino de cuánto realmente crees lo que Dios te ha prometido. ¡La espada que Dios te ha dado es nada menos que el eco de Su voz en ti! Entrar a esta batalla con Su verdad, Su Palabra, y Su espada poderosa es la única manera de asegurar la victoria.

> Dios está ungiendo a sus doncellas para que delaten al enemigo. Ningún arma forjada contra nosotras prosperará.
> *–Kimberly Daniels*

Recuerda que Jesús confrontó las tentaciones de Satanás con la Palabra de Dios (Mateo 4:1-11). La Biblia es arma espiritual sin igual y es parte de la armadura de Dios. Es llamada la espada del Espíritu. La Palabra de Dios es el único manual divinamente inspirado para la guerra espiritual. Otros libros son útiles solamente en la medida que están en armonía con Su Palabra que es verdad y vida.

En medio del desierto, Jesús citó Escrituras específicas aplicables a la batalla inmediata. No citó pasajes de cronología o historia del Antiguo Testamento. Jesús dijo: "Está escrito...". Cuando usas Escrituras específicas, se suelta un poder sobrenatural que te otorga autoridad sobre cualquier situación. Isaías 55:11 dice: *Así también la palabra que sale de mis labios no vuelve a mí sin producir efecto, sino que hace lo que yo quiero y cumple la orden que le doy.* Entonces, si vas a usar la Palabra de Dios efectivamente en la guerra espiritual, debes conocerla, estudiarla, meditarla y memorizarla. Muchas derrotas en la vida vienen porque no conocemos la Palabra de Dios. Jesús dijo: —*¡Qué equivocados están, por no conocer las Escrituras ni el poder de Dios!* (Mateo 22:29). La Palabra del Señor es nuestro manual de guerra y revela Su plan espiritual para tu batalla.

Uno de tantos días que estaba leyendo en mi Biblia el libro de Ester, llegué a esa parte en la cual el rey les dice a Ester y a Mardoqueo: *Redacten ahora, en mi nombre, otro decreto en favor de los judíos, como mejor les parezca, y séllenlo con mi anillo real. Un documento escrito en mi nombre, y sellado con mi anillo, es imposible revocarlo* (Ester 8:8). Un decreto es una orden oficial, un edicto, una decisión. En el reino de Dios son proclamaciones de Su voluntad a través de las promesas escritas en Su Palabra. Entonces, tomé un lápiz y comencé a escribir, creyendo en mi corazón que no importaba cómo se veían las circunstancias en lo natural, en lo sobrenatural mi esposo seguía siendo el sacerdote de mi casa y yo tenía todo el poder de la Palabra de Dios para decretarlo.

Entonces escribí: ¡Doy gracias a mi Dios por mi esposo! En todas mis oraciones siempre oro por él con alegría, porque ha participado en el Evangelio desde el primer día hasta ahora. Estoy convencida de esto: "El que comenzó tan buena obra en mi esposo la irá perfeccionando hasta el día de Cristo Jesús". Esto es lo que pido en oración: "Que el amor de mi esposo abunde cada vez más en conocimiento y en buen juicio, para que discierna lo que es mejor, y sea puro e irreprochable para el día de Cristo. Lleno del fruto de justicia que se produce por medio de Jesucristo para gloria y alabanza de Dios (Filipenses 1:3-11).

Yo declaro que, apoyada en las promesas de Dios en Su Palabra, mi esposo peleará la buena batalla y mantendrá la fe y una buena conciencia (1 Timoteo 1:18-20), presentándose ante Dios aprobado como obrero que no tiene de qué avergonzarse y que interpretará rectamente la Palabra de verdad (2ª. Timoteo 2:15). El Señor le da fuerzas y está a su lado para que por medio de él, se lleve a cabo la predicación del mensaje (2ª. Timoteo 4:17).

El Señor le concederá la victoria sobre sus enemigos. Avanzarán contra él en perfecta formación, pero huirán en desbandada. El Señor bendecirá sus graneros, y todo el trabajo de sus manos. El Señor, nuestro Dios, lo bendecirá en la tierra que le ha dado. El Señor lo establecerá como su pueblo santo, conforme a Su juramento, si cumple Sus mandamientos y anda en Sus caminos. Todas las naciones de la tierra lo respetarán al reconocerlo como el pueblo del Señor, quien le concederá abundancia de bienes: multiplicará sus hijos, su ganado y sus cosechas en la tierra que a sus antepasados juró que le daría. El Señor abrirá los cielos, Su generoso tesoro, para derramar a su debido tiempo la lluvia sobre la tierra, y para bendecir todo el trabajo de sus manos. Mi esposo les prestará a muchos, pero él no tomará prestado de nadie. El Señor lo pondrá a la cabeza, nunca en la cola. Siempre estará en la cima, nunca en el fondo (Deuteronomio 28:1-13).

Porque el Señor omnipotente es la fuerza de mi esposo, da a sus pies la ligereza de una gacela y le hace caminar en las alturas (Habacuc 3:19). Mi esposo no teme ni se desanima porque el Señor, nuestro Dios, está en medio de él como guerrero victorioso. Se deleitará en mi esposo con gozo, le renovará con Su amor, se alegrará por mi esposo con cantos como en los días de fiesta (Sofonías 3:16-18).

Mi esposo, al igual que el Rey David, puede decir: "Veo al Señor siempre delante de mí, porque Él está a mi derecha para que no caiga. Por eso mi corazón se alegra y canta con gozo mi lengua, mi cuerpo también vivirá en esperanza. No dejará que mi vida termine en el sepulcro, no permitirá que Su santo vea corrupción. Me ha dado a conocer los caminos de la vida; me llenaré de alegría en Tu presencia" (Hechos 2:25-28).

El Espíritu del Señor está sobre mi esposo por cuanto lo ha ungido para anunciar buenas nuevas a los pobres, lo ha enviado a sanar los corazones heridos, a proclamar liberación a los cautivos y libertad a los prisioneros, a pregonar el año del favor del Señor y el día de la venganza de nuestro Dios, a consolar a todos los que están de duelo, y a confortar a los dolientes de Sion (Isaías 61). Mi esposo, juntamente con esta sierva del Dios altísimo, reconstruirá las ruinas antiguas, y restaurará los escombros de antaño, reparará las ciudades en ruinas y los escombros de muchas generaciones. Comuníquese y Cúmplase. Amén y amén.

Han pasado años desde que escribí este decreto y puedo ver que Dios cumplió Su Palabra. Abre la Biblia y pídele al Señor que te dé una Palabra específica para tu esposo. Habrá veces cuando a tu vista aparecerá lo que debes leer y lo sentirás fuerte en tu corazón, justo para la situación que estás viviendo. Busca un cuaderno y anota cada promesa. Escucha y confía en que es el Espíritu Santo llenándote con Sus palabras.

Usa la armadura de Dios

Efesios 6:10-13 es claro en mencionar: *Sean fuertes en el Señor y en su gran poder. Pónganse toda la armadura de Dios para poder mantenerse firmes contra todas las estrategias del diablo. Por lo tanto, pónganse todas las piezas de la armadura de Dios para poder resistir al enemigo en el tiempo del mal. Así, después de la batalla, todavía seguirán de pie, firmes.* Esta no es una armadura física, sino espiritual. Es una armadura que muchas no han sabido colocarse y que ha sido diseñada para los hijos de Dios, especialmente cuando estamos en batalla. No hay dos iguales y la tuya te encaja perfectamente para protegerte, es más, ¡no le resta nada a tu feminidad! Debemos vestirnos todos los días esta armadura, pero sin olvidar que la batalla siempre le pertenece al Señor.

Hay poder en el nombre y la sangre de Jesús. Sí, recibimos divinamente armas poderosas para la guerra, entre ellas el nombre de Jesús y Su sangre que clama: ¡Misericordia, misericordia! Charles Spurgeon dijo una vez: *"Muchas llaves pueden abrir una cerradura, pero la llave maestra es la sangre y el nombre de Aquel que murió, resucitó y vive para siempre en el cielo para completar la salvación. La sangre de Cristo es la que abre la tesorería del cielo. Clame por la sangre. Clame por la cruz. Cante sobre la preciosa sangre de Jesús. Recite las Escrituras y refuerce la victoria sobre el poder de las tinieblas."* ¡Clama por la sangre de Jesús, una y otra vez! Únete a la declaración triunfante de Cristo: "Consumado es". Con estas palabras, Jesús nos libertó de la esclavitud.

> Cuando perdemos la esperanza
> por las cosas que Dios declara
> que se pueden cambiar, nos
> alineamos con los planes de las
> tinieblas para nosotros.
> *–Jim Goll*

He escuchado a muchas personas decir: "En el nombre de Dios esto se va a arreglar". Lo correcto es decir: "En el nombre de Jesús", porque Jesús es el camino al Padre. 1 Timoteo 2:5 lo explica de esta forma: *Porque hay un solo Dios, y un solo mediador entre Dios y los hombres, que es Jesucristo hombre.* Es Jesús quien pagó el precio en la cruz para que nosotros fuéramos libres del pecado, por lo que solamente Él puede rescatar a tu cónyuge del pecado y es a Él a quien debes acudir para que te ayude. Jesús dijo: *Ciertamente les aseguro que el que cree en mí las obras que yo hago también él las hará, y aun las hará mayores, porque yo vuelvo al Padre. Cualquier cosa que ustedes pidan en mi nombre, yo la haré; así será glorificado el Padre en el Hijo. Lo que pidan en mi nombre, yo lo haré* (Juan 14:12-14).

Comprométete a agradar a Dios por medio de creer y seguir a Jesús, independientemente del compromiso de tu cónyuge. El desafío es sencillo aunque penetrante, seas el ofensor o el ofendido. ¿Quieres seguir a Jesús más que cualquier otra cosa, aun más que restaurar tu matrimonio? ¿Es Dios tu más grande propósito? No puedes condicionar tu fe y obediencia a las reacciones de tu pareja. ¿Crees eso? Jesús no solo puede restaurar tu matrimonio sino hacerlo más fuerte de lo que era antes. No solo queremos regresar el matrimonio a su estado previo a una infidelidad o cualquier otra cosa que los haya separado. En Cristo, Dios provee algo mejor. Para la mayoría de mujeres, la infidelidad de su cónyuge puede hacer pedazos su corazón y trastornar su vida, pero el verdadero fundamento de la vida cristiana no es tu cónyuge o el matrimonio o las bendiciones que traen. Nuestra vida está edificada en Cristo y Él debe ser nuestro fin último, nuestro fundamento y objetivo, todo lo demás vendrá por añadidura.

Clama por la sangre de Jesús

La obra de la sangre de Cristo nos ha beneficiado en gran manera. Apocalipsis 12:11 dice: *Ellos lo han vencido por medio de la sangre del Cordero y por el mensaje del cual dieron testimonio; no valoraron tanto su vida como para evitar la muerte.* Vencemos al testificar que la sangre de Cristo es suficiente. El triunfo de Jesús sobre los poderes de las tinieblas nos refuerza cuando declaramos los beneficios de Su preciosa sangre.

Según Hebreos 12:24, Jesús estableció un nuevo pacto con nosotros por medio de Su sacrificio, intercediendo a nuestro favor. Como dice Levítico 17:11: *Porque la vida de toda criatura está en la sangre. Yo mismo se la he dado a ustedes sobre el altar, para que hagan propiciación por ustedes mismos, ya que la propiciación se hace por medio de la sangre.* En la sangre de Cristo recibimos una clase de vida que la muerte no puede conquistar (Isaías 53:12; Juan 6:53-57). Cuando vamos a la batalla, peleamos desde una perspectiva de hijas de Dios. Peleamos con un mayor nivel de autoridad con las armas que nos ha dado. Cuando verdaderamente me di cuenta de esto, fui capaz de ejercer mi autoridad espiritual sobre el enemigo de una manera más dinámica. Ahora peleo como una hija que ha heredado la fuerza para vencer. ¡Avanza como una guerrera! Aplica la Sangre de Jesús sobre tu vida y tu familia y resiste al enemigo. Si en primer lugar haces lo que Dios quiere que hagas, Él hará por ti lo que no puedes hacer tú sola. Hoy, el Señor te dice: "Te llamé para un tiempo como este. Te entregué Mi nombre, te di Mi sangre y Mi Palabra. No habrá enemigo que te pueda enfrentar, porque derribaré a todos los que se atraviesen en tu camino y los reemplazaré con gozo, pureza, bendición y todo lo que es Mío".

Ora y ayuna

La oración y el ayuno son la llave para administrar el reino de Dios aquí en la tierra. Nuestro Dios es maravilloso y está en control de cada circunstancia que ha venido a nuestra vida. Por muy desesperadas que estemos, saldremos victoriosas si tan solo nos sometemos a Él y a Su dirección a través de la oración y el ayuno; solo de esta manera desataremos el poder del Señor para que obre en nuestro favor de nuevas maneras. La oración abre puertas para que nuestro Padre pueda actuar, ya que Él respeta la libertad de elección que nos ha dado, así que la oración le permite intervenir en la circunstancia por la que le pedimos. La oración le da a Dios la autorización para hacer lo que Él permanentemente ha anhelado.

Aunque no veamos respuestas instantáneas, el Señor está trabajando para arreglar el problema, ya que responde todas las oraciones, pero no siempre de la manera esperada. Nosotros pensamos en el presente, Él nos prepara para la eternidad. Preparó por miles de años la venida de Su Hijo y te hará esperar lo necesario para alcanzar los mejores resultados.

Contempla cómo actúa lentamente en la creación. No se puede apresurar a Dios. La espera es para nuestro bien. Aun lo bueno puede hacer daño si se alcanza prematuramente. A veces sentimos que se demora la respuesta a una oración, pero es el tiempo prudente para que aprendas algo que Él quiere enseñarte. A veces es necesario esperar hasta que se produzcan las condiciones propicias para el resultado que Él desea lograr. Como en el caso de aquel ciego de nacimiento. Tuvo que ser ciego durante mucho tiempo para que todos lo supieran y que Jesús llegara cierto día a sanarlo milagrosamente para que Dios fuese glorificado (Juan 9). Talvez transcurran años hasta que sepas por qué Dios no respondió del modo que esperabas o cuando se lo pediste, pero el día llegará, y sabrás que Dios actuó acertadamente. ¡Espera en el Señor! La oscuridad más densa es antes del amanecer y la mayor desesperación ocurre justo antes de la salvación. La más profunda desesperanza ataca antes de ser rescatado. Por eso, no dudes ni por un instante de que Dios te contestará. Ya verás que lo hace. Confía en Él y dale gracias por la respuesta, aunque no la veas de inmediato. Después te alegrarás de haber confiado en Su sabiduría.

Sí, estás llamada a orar por tu cónyuge en pecado y demostrar por medio de tu fe que anhelas verlo regresar a Dios y a ti. Sin embargo, el Espíritu Santo no respaldará ninguna oración motivada por los celos, el egoísmo o cualquier actitud carnal (falta de perdón, ira, crítica o auto justificación). Las oraciones almáticas no traerán los resultados que deseas, solo añadirán mayores dificultades y aumentará la dureza de nuestro corazón. Desde la ira, el temor o la frustración, muchas mujeres oran para tratar de forzar una situación. Nuestra lucha no es contra seres humanos, sino contra poderes, contra autoridades, contra potestades que dominan este mundo de tinieblas, contra fuerzas espirituales malignas en las regiones celestiales (Efesios 6:12). No luchamos contra la gente, al contrario, debemos amarla. Y a través de este amor demostraremos que pertenecemos a Dios (Juan 13:35). El enemigo tiene su propia agenda y no la acomodará a la tuya, las oraciones almáticas no te darán lo que deseas porque están alimentadas por actitudes, palabras y pensamientos negativos. La Palabra dice que debemos humillarnos ante Dios, resistir al diablo y huirá de nosotros (Santiago 4:7).

Llénate de amor incondicional

Muchas veces nos quejamos con Dios por los aspectos que no nos gustan de nuestro esposo. Quizá nuestra actitud ha sido: "Te amaré de nuevo si cambias". Muchas veces le hemos dicho: "¡Nunca vas a cambiar!" Debemos reconocer que nosotras todavía tenemos malas actitudes, lo cual no es parte de los votos que hicimos al casarnos. Al contrario, el amor incondicional te hace decir: "Te amaré aun si estos hábitos nunca cambian". Nuestra actitud negativa y nuestras quejas o reclamos bloquean el camino hacia el cambio o impiden ver cuánto ellos han cambiado y nubla nuestra vista para amarlos. Hoy podrías decir: "Mi trabajo será amar a mi esposo y el trabajo de Dios será cambiarlo". Solo la gracia del Señor y el poder de Su Santo Espíritu pueden lograr que tu esposo supere sus debilidades y desarrolle sus fortalezas.

> Cuando nos fortalecemos con el amor de Dios, también nos fortalecemos para amar a nuestro cónyuge imperfecto.

Sé que cuando sientes que tu cónyuge no te ama, te separas no solo física sino emocionalmente, pero tu rechazo y desprecio no ayudan al cambio, al contrario, lo hacen más difícil. Tu mayor recurso es el amor incondicional y este solo viene de Dios. 1 Juan 4:7-8 dice: *Queridos amigos, sigamos amándonos unos a otros, porque el amor viene de Dios. Todo el que ama es un hijo de Dios y conoce a Dios; pero el que no ama no conoce a Dios, porque Dios es amor.* Que tu oración sea: "Señor enséñame a amar a mi esposo como Tú lo amas, ayúdame a ver a mi esposo como Tú lo ves, no a través de su pecado sino a través de Tu cruz". Solo así comprenderás que el matrimonio es un proceso para ser transformados cada día más a imagen y semejanza de Cristo.

Sin importar cuán dura sea la prueba por la que estás pasando en tu matrimonio, oro porque comprendas que divorciarte, quitarte la vida o matar a tu cónyuge no son soluciones ni formas razonables de resolver los problemas. ¡El amor es el arma más poderosa! El problema para muchos es que hemos pensado en el amor como una emoción, pero realmente, es una actitud, una decisión que motiva un comportamiento adecuado. Mi pregunta es ¿amas verdaderamente a tu esposo como para luchar por él? ¿Cuán dispuesta estás al sacrificio para levantar a tu esposo y sacarlo del pecado? Muchas veces en consejería le he dicho a las mujeres: "Mira a tu esposo como si le hubieran detectado un cáncer terminal. Hoy más que nunca necesita de tu amor y de tu cuidado. Tu fidelidad y disposición para amar con sacrificio a tu esposo puede ser el medio para lograr su sanidad espiritual. Así como el sufrimiento de Cristo fue el medio por el cual fuimos sanados" (1 Pedro 2:24-25; 1 Corintios 7:12-14). La gracia de Dios es suficiente para que seas fiel, ames y perdones a tu esposo sin reservas. Dios nunca te abandonará. Sin importar cuánto debas soportar, Él te sostendrá todo el tiempo.

Seguro te sentirás identificada conmigo al afirmar que nada duele tanto como sentirte traicionada por la persona que más amas, sin embargo, el amor de Dios me sostuvo todo el tiempo. Descubrí una manera de mostrarle amor a mi esposo y era escribiéndole cartas. Cuando estás llena del amor de Dios, no es difícil expresar el amor en medio de tu dolor. La Biblia dice en 1 Pedro 4:8: *Lo más importante de todo es que sigan demostrando profundo amor unos a otros, porque el amor cubre gran cantidad de pecados.* Fue entonces que escribí esto:

"Es domingo y no estoy triste, creo que me entró la nostalgia esta noche, pero sé que te tengo y sé que eres mío. Sin embargo, le he pedido tanto a Dios que renueve este amor que perdimos en algún lugar y en algún momento. No sé cómo sucedió, pero ahora lo busco con toda diligencia, porque le hice a Dios la promesa de envejecer a tu lado y de amarte hasta que la muerte haga división entre tú y yo.

Entonces recordé que cuando esta relación comenzó, sin tener nada material, nos teníamos el uno al otro y eso era suficiente para construir juntos los sueños sobre nuestro futuro. No importaba nada entonces, solo estar juntos, olvidándonos de aquello que negara nuestro amor. Nos dijimos muchas veces que estaríamos juntos para siempre. Quizá no era amor, solo era la inocencia de nuestra juventud, el desear estar unidos, ahogarnos en amor, el creer que todo el mundo era solo de los dos, pero ese impulso se fue consolidando para bien.

Recuerdo ese día que decidiste salir de viaje, me escribiste una nota prometiendo que regresarías para casarte conmigo. Fue doloroso separarnos pues pensaba que no te volvería a ver. Pasaban los días y yo seguía pensando en ti, me consolaba con nuestra canción. Creía en ti como sigo creyendo ahora. Regresaste y cumpliste tu promesa. Nuestro futuro estaba escrito antes de nosotros imaginarlo. Escuchándola hoy, caí en la cuenta de que ya ha pasado tanto tiempo y aún sigo aquí, esperando por ti con un amor madurado por los años, con unas libras de más y algunas canas, pero con el mismo corazón cargado de ilusión. Nuestros planes se convirtieron en aquello que soñamos, nuestra casa, nuestros hijos. Sé que no ha sido fácil, que hemos tenido que enfrentar muchas batallas, sin embargo, debemos luchar por conservar la fe, la esperanza y el amor. Es maravilloso vivir a tu lado. Se que me necesitas de manera incondicional para seguir adelante, necesitas de mi apoyo y mi consuelo, de unos brazos que te acurruquen cuando tus fuerzas decaen.

Hoy quiero decirte que sigues siendo de mucho valor para mí, aprendí de ti tantas cosas, tus ganas de luchar por salir adelante, tu entrega y amor por tus hijos. Puedo ver hacia atrás y reconocer que nada ha sido en vano. Aún nos tenemos el uno al otro, aún nos queda una oportunidad y no es tarde para retomar el amor, la pasión, y la ilusión de vivir juntos hasta que Dios lo decida, entregándonos con un amor nuevo y profundo. El amor ágape de un Dios que nos amó primero, que puso sus ojos en nosotros para darle a nuestro matrimonio una razón de ser y de vivir. Un propósito mayor que el tuyo y el mío, el de reconstruir las ruinas antiguas y levantar los cimientos de antaño; ser llamados "reparadores de muros derruidos, restauradores de calles transitables".

Cada vez que tu fe decaiga mira hacia el cielo. Sin duda verás una estrella y recordarás que existe un pacto entre Dios y nosotros: Hará de nosotros una nación grande, y nos bendecirá, y engrandecerá nuestro nombre, y seremos bendición. Él bendecirá a los que nos bendigan, y al que nos maldiga, maldecirá. Y en nosotros serán benditas todas las familias de la tierra. Con amor y oraciones, Magie".

Que tu fe sea grande

Sin duda, el enemigo intentará seducirte y contagiarte una sensación de desesperanza, depresión o melancolía. Su propósito siempre será paralizarte espiritualmente para que te rindas y desistas de esta lucha. Quizá te sientes oprimida, con deseos de correr en la dirección opuesta, pero no puedes hacerlo. No debes olvidar que el enemigo solo puede intentar derrotarte, pero la victoria es tuya. Seguro, tratará de arrojarte todo lo que pueda para bloquear tu camino hacia la restauración de tu matrimonio, pero siempre debes recordar que Dios tiene un plan redentor y ha prometido llevarte hacia la renovación de tu vida matrimonial y familiar.

Hebreos 11:1 dice: *Ahora bien, la fe es la certeza de lo que se espera, la convicción de lo que no se ve.* Mantente firme en tu fe, a pesar de las experiencias y situaciones que vives y que no entiendes, porque Dios las usa para que veamos Su gloria y para llevarnos a un nuevo nivel. Claro que no somos inmunes a experimentar tristeza por lo que estamos perdiendo, ya que un divorcio o una separación son muy dolorosos porque somos una sola carne, y definitivamente una parte nuestra se va con la otra persona. Es un dolor tan intenso como el que produce la muerte de alguien muy amado. El duelo que sientes no quiere decir que no seas espiritual o que no confías en Dios. Aún

Jesús lloró con María ante la muerte de Lázaro, así que nadie como Él para comprender nuestras emociones. Jesús no lloró porque Lázaro había muerto, sabía que lo iba a resucitar, lloró porque se conmovió al ver a María llorando a Sus pies. Lloró con ella (Juan 11:32-35). Es bueno llorar, pero no permitas que esta etapa se prolongue mucho más de lo que Dios quiere porque perderás la fuerza, la gracia del Señor es suficiente para que te levantes y camines hacia la conquista de lo que te pertenece por herencia.

> Dios conoce las debilidades de tu corazón y te entregó un Maestro, Consolador y Amigo para guiarte a tomar la mejor decisión.

Dios quiere que presencies Su gloria en esta situación en tu matrimonio, lo único que demanda de ti es fe en Su amor que siempre obra lo que es mejor para ti, ya que no hay nada imposible para Él. Nuestra naturaleza humana siempre nos pide ver para creer, pero Jesucristo establece que los principios del reino de Dios operan a la inversa, si queremos ver la gloria, el poder de Dios actuando en nuestra vida y en la vida de otros, primero debemos creer que las cosas ocurrirán. Tu matrimonio quizá ya está muerto de cuatro días, ya huele mal, está sepultado, pero Jesús te dice: "¿No te he dicho que si crees, verás la gloria de Dios?"

Nada mueve el corazón de Dios como la fe. Deja que la fe crezca en tu alma, deja que te eleve a nuevas alturas. Ahora examínala, examina la fe con la cual estás peleando la buena batalla, examina la fe que te permite prevalecer, refuérzala y llegarás a un nuevo nivel. La Biblia dice que sin fe es imposible agradar a Dios. ¿Te quedarás allí esperando? ¡Por supuesto que no! Desde los días de Juan el Bautista hasta ahora, el Reino de los cielos sufre violencia y los violentos lo arrebatan (Mateo 11:12). Estás en medio de una batalla por tu matrimonio y por el corazón de tu cónyuge, y necesitas tener una mentalidad de vencedora. Debes creerle a Dios con todo el corazón a pesar del aspecto que tengan tus circunstancias.

El Señor te dice: "Puesto que la fe que Yo te había dado era una medida, pero tú la has alimentado, la has examinado, has caminado en ella y la has usado, ahora se convierte en tu arma y te permite salir adelante en tiempos difíciles, provocando que avances con un grito de victoria. Avanza, no como una víctima, sino como victoriosa. Camina en la tierra que Yo te he proveído. Camina en la fe que Yo te he dado y haz que crezca abundantemente en estos días. Este es un tiempo en el que las semillas de la fe que están plantadas en tu corazón, y que han sido abonadas por la unción, producirán cosecha en tu vida. Es importante que mantengas tu compostura. Sigue buscando Mi rostro y mantén una vitalidad espiritual. Yo soy tu esperanza y tu ayuda en todo tiempo. Camina en total dependencia de Mí para que te dé la sabiduría que necesitas y que te llevará al corazón de cada asunto y te dará dirección para tu siguiente paso. Sé valiente y atrevida, no temas, pues Yo estoy contigo."

Pídele al Espíritu Santo que te imparta el don de fe (1 Corintios 12:9). La fe que restaura, la fe de Dios y no la de los hombres. Esta es la fe que se transforma en la sustancia de las cosas que se esperan y en la evidencia de las cosas que no se ven (Hebreos 11:1). Cuando rogamos y pedimos que Dios haga algo, es como hacer una reservación en las promesas de Dios y a menudo, hay un tiempo de espera que requerirá de mucha fe, así que puedes decir con confianza: "Con toda mi alma espero al Señor y confío en Su Palabra" (Salmos 130:5). Necesitarás ser humilde para no cuestionar la voluntad del Soberano del Universo ni exigirle más, aunque no entiendas todo, confía solo en Él.

Dios te dio discernimiento

Puesto que la batalla por tu matrimonio es espiritual, debe ser entendida con una mente espiritual. Una de las armas más valiosas en tu arsenal es el discernimiento, ya que a través de este, Dios puede mostrarte cómo luchar efectivamente y dar en el blanco.

El Señor muchas veces me ha dado sueños para advertirme de los ataques del enemigo, lo que me ha ayudado a destruir sus planes a través de la oración y la guerra espiritual. Las mujeres somos, por lo general, las primeras en decir en el matrimonio: "Algo no está funcionando bien." Muchos le llaman sexto sentido, pero realmente es un don de Dios, un radar espiritual que te da la habilidad de percibir por dónde vendrá el enemigo y descubrir sus planes. 1 Corintios 12:7 dice: *A cada uno se le da una manifestación especial del Espíritu para el bien de los demás*. Este don te será útil para prevenir, ver más allá de lo que otros ven, ponerte en aviso, distinguir y conocer las intenciones del corazón.

Muchas veces quizá le hemos dicho a nuestro esposo: "Esa mujer no me gusta." "Esa amistad no te conviene." "No hagas ese negocio." No todos escuchan, pero el hombre que no recibe consejos santos de su esposa, se pierde de la bendición que Dios le dio. Necesitamos usar este don con sabiduría para no acusar y condenar a nuestro esposo. Encontramos un ejemplo claro en 2 Reyes 4:9: *La mujer le dijo a su esposo: "Mira, yo estoy segura de que este hombre que siempre nos visita es un santo hombre de Dios"*. Gracias a su discernimiento y sabiduría, la mujer sunamita obtuvo un milagro en su hogar. Dios hizo por ella mucho más de lo que pidió o pensó (Efesios 3:20). Tiempo después, levantó su esperanza de la muerte (2 Reyes 4:36). Dios la buscó para darle un milagro y está haciendo lo mismo por ti, hoy.

Pide sabiduría a Dios

Las mujeres temen que se pierda su dignidad si se rinden a un hombre que no ha hecho aprecio de ellas. No les parece justo que ellas tengan que callar cuando él no se ha ganado el derecho. Es entonces que dicen cosas que aplastan a un hombre hasta dejarlo impotente. Sus palabras lo pueden hacer sexual, espiritual, emocional y económicamente impotente, sin darse cuenta de que el ego de un hombre es muy frágil. ¿Cómo puede un hombre reconciliarse o amar a una mujer necia? La mujer sabia sabe cuándo hablar y cuándo callar, y siempre está dispuesta a escuchar.

Cada vez que se presentaba una discusión o situación difícil, sentía que Dios me decía "Toma el ejemplo de Sara". Entonces comencé a estudiar la vida de esta hermosa mujer de la que habla Génesis y que se pone como ejemplo para todas las mujeres en 1 Pedro 3 que nos motiva a imitar sus valiosas virtudes a los ojos de Dios.

Sara, en ese tiempo no era tan joven, pero seguía siendo tan hermosa que el rey de Egipto codició su belleza y la llevó a su harén. Incluso en una posición peligrosa y expuesta por su propio marido, Sara es una bendición para Abraham, pues dice que faraón lo trató bien y le dio toda clase de bienes. Además, ella no ha abierto su boca para contradecir a su esposo. La Biblia dice en Génesis 12:10-20 Que Dios hirió al Faraón y a su casa con grandes plagas, por causa de Sara, mujer de Abraham. La última frase "por causa de Sara", en hebreo significa "sobre la palabra de Sara". Esto es muy revelador, ya que indica que Sara no se había callado totalmente. Aceptó con humildad las razones que su esposo le dio al entrar a Egipto y obedeció sus instrucciones, pero eso no significó que estuviera inactiva.

> Fe es sentir el calor
> del hogar mientras
> estamos cortando la
> leña para el fuego.
> –*José Luis Navajo*

Es más que seguro que sus oraciones fueron intensificadas, pidiendo la protección del Creador, aunque no mostró desobediencia en contra de su esposo. La sujeción no la llevó a estar completamente callada. Las Escrituras enseñan claramente que la palabra de Sara fue la causante de las plagas en la casa de faraón. Si ella se hubiera vuelto contenciosa con su esposo, es posible que la historia fuera muy diferente. El mal los tenía cercados, su matrimonio estaba a punto de terminar, lo que también acababa con la promesa de tener un hijo. ¡Su ruina era inevitable!, pero la sabiduría de Sara provocó la intervención de Dios. Tu petición a Dios puede ser sabiduría para saber cómo resolver cada problema y dificultad. Leemos en Santiago 1:5: *Si alguno de ustedes requiere de sabiduría, pídasela a Dios, y él se la dará.* Dios nos da sabiduría a todos en abundancia y sin hacer ningún reproche.

La revelación que estás recibiendo al leer este libro no tiene valor sin la sabiduría y el carácter para vivirla. ¿Para quién vivirás? ¿Para ti, para tu cónyuge o para Dios? Si permaneces fiel al Señor y a los principios de Su Palabra, mientras esperas que obre en tu cónyuge y en tu matrimonio, puedes tener la seguridad de que Él te dará todo lo que necesites para vivir según Su voluntad. Y sobre todo, Él se ocupará de tu cónyuge. La obediencia a Dios y a los principios de Su Palabra es la mejor defensa que tenemos en contra del enemigo de nuestro corazón y de nuestro matrimonio. Elige creer en el gran poder de Dios y espera lo que Él hará en tu vida y en tu familia. Pídele que establezca tu matrimonio, que lo confirme, que lo santifique y que lo preserve. De modo que la unión con tu esposo sea para alabanza de Su gloria. Hay situaciones adversas que se presentarán, atravesarás dificultades, pero tienes autoridad y no hay nada desfavorable que no puedas remover, ya que el Señor nos enseña cómo apartar lo malo de nuestro camino para avanzar en el proceso del triunfo. ¡Has nacido para vencer! Cree, fortalece tu fe y declara con tu boca lo que quieres que suceda en tu vida.

Pasos prácticos
para ayudarte
a mantenerte firme

No has sido llamada solo a discernir la oscuridad que ahora cubre tu matrimonio, sino a ser luz. Cuando la luz resplandece, las tinieblas huyen.

1. Sométete al señorío de Cristo

Ahora parece que en el matrimonio, el hombre y la mujer han roto sus deberes conyugales. El esposo no ha amado con el espíritu de sacrificio debido, y la esposa no se ha sujetado a su marido, porque muchas veces no recibe el amor que crearía las condiciones óptimas para una sujeción voluntaria y gozosa. El deseo de Dios es que sometamos nuestra voluntad, nuestras emociones y sentimientos a Él. Pídele que te ayude a silenciar tus pensamientos, deseos y opiniones, para que desde ahora solo escuches los pensamientos de Dios.

Proverbios 3:5-7 dice: *Confía en el Señor de todo corazón, y no en tu propia inteligencia. Reconócelo en todos tus caminos y él allanará tus sendas. No seas sabio en tu propia opinión; más bien, teme al Señor y huye del mal.*

2. Resiste al enemigo

No debemos cansarnos en la batalla. Dios sabe lo importante que es para nosotras estar armadas y listas, y Él hará todo lo necesario para que estemos equipadas. El enemigo aumentará sus ataques en tu contra porque estás parada en el muro para proteger tu matrimonio, pero el plan de Dios es usar estos ataques para traer a tu casa una victoria mayor. Por eso, obedezcamos a Dios, hagámosle frente al diablo, y él huirá de nosotros (Santiago 4:7). Dios desea que al seguir a Cristo, también presentemos batalla al enemigo. Cuando permaneces firme en Su Palabra frente a lo que parece dudoso y hasta improbable, Dios te sorprenderá e irá más allá de tu fe.

3. Pregunta y espera la respuesta de Dios

Presenta delante de tu Padre todas las preguntas en tu corazón y luego espera que Él te responda. Cree que mientras te sometes a Dios y resistes al enemigo, puedes esperar ser llena con el conocimiento de Su voluntad, con toda sabiduría y entendimiento espiritual (Colosenses 1:9). A veces la respuesta puede ser inmediata y otras veces demorará un poco, pero lo importante es confiar en que Dios no te fallará. Puedes afirmarte en las promesas escritas en Su Palabra y cada vez que tengas dudas, preguntarte qué dice la Palabra de Dios sobre esta situación.

El Señor te dice

Yo quiero que recuerdes Mi bondad, pues te he cuidado incluso cuando te has sentido sola, aun cuando te has sentido desesperada, cuando te has sentido olvidada. Yo nunca te he dejado, nunca te he desamparado. Yo he estado contigo desde el primer día que te entregaste a Mí. Es cierto que te he permitido caminar en medio de algunas circunstancias difíciles, pero ¿acaso no sabes que te están haciendo más fuerte? ¿Acaso no sabes que te están dando el derecho de ejercitar la autoridad que Yo te he dado? ¿No sabes que esas circunstancias hacen que te aferres a Mí? Tu destino ya fue escrito y es de victoria, no de derrota. Así que camina conmigo en confianza y amor. La victoria está asegurada. Toma Mi fuerza, ahora es tuya, te la doy. Atrévete a creer que tú y tu familia pueden ser lo que Yo he dicho, dice el Señor.

Oremos

Señor Jesús, hoy oro para que nos fortalezcas como esposas, llénanos con tu Espíritu de poder. Oro para que todas desarrollemos la mente de Cristo y seamos capacitadas de una manera sobrenatural para echar fuera cada suposición que Satanás tramó para derrotarnos y destruir nuestro matrimonio. En el nombre de Jesús, ato cada espíritu maligno de oposición que trata de oprimir a tus hijas, que busca cambiar su destino y propósito en Ti. Clamo para cubrir con la sangre de Jesús cada hogar y cada amiga que lee. Te agradezco por la victoria completa en su vida, su matrimonio y su familia. Gracias a Tu victoria en la cruz, continuaremos sometiendo nuestra vida y pensamientos a la obediencia de Cristo y concretaremos nuestro destino en victoria total y en acuerdo con Tu Palabra. Amén.

El León de Judá

No miraré atrás, avanzaré triunfante por el río de Dios,
ese río que viene con fuerza y con poder puro de Dios.
El León de Judá rugirá y veré caer las fortalezas.
Veré las serpientes bajo mis pies.
Ningún arma que se forje contra mí, prosperará
el León de Judá peleará por mí.

Los ángeles me rodean con sus espadas de fuego.
Es el fuego del amor de Dios que me ama con pasión,
nada puede infiltrarse porque he sido perdonada,
limpia y purificada. No lloraré más porque
el León de Judá ha salido vencedor.

CAPÍTULO **4**

Renueva tu compromiso

Estar unida a Cristo por
fe es una fuente de éxito
matrimonial, mayor que el
sexo perfecto y la prosperidad
que brinda tener dos sueldos.
—*John Piper*

Una de las preguntas que le hice a Dios en los momentos de tristeza y soledad por sentirme defraudada en mi matrimonio fue: "¿Cómo puedo restaurar una relación que se ha desgastado tanto?" Había momentos cuando perdía la fuerza, pero algo dentro de mí me hacía sentir que Dios estaba más interesado en la restauración que en el juicio.

Así que Su respuesta fue: "Siguiendo la verdad en amor" (Efesios 4:15). ¿Te identificas con estos sentimientos? Me encontraba dando una prédica sobre el matrimonio en un retiro de damas, cuando de repente, una de ellas se puso de pie y comenzó a gritar: "¡Usted habla así porque no sabe el marido que tengo!" Dios nunca tuvo la intención de que te sintieras derrotada, fracasada o hecha pedazos. Su deseo es restaurar y darte una vida plena y abundante. Tu esposo puede ser un pecador, un borracho, o un irresponsable, pero Dios usará aun este sufrimiento para que llegues a parecerte cada día más a Él. Su meta es que no te quedes donde estás sino que crezcas en todo. El único camino hacia la madurez espiritual que nos mueve a amar sin condiciones es el dominio de la Palabra de Dios. Por esa razón, debes experimentar una transformación. El Señor te debe pulir. Toda la felicidad que anhelas comienza con el camino de la santidad. Dios usará a un cónyuge imperfecto para limar tus asperezas.

Eso sucedió en mi caso. En el momento que yo le pregunté, el Señor comenzó a mostrarme las áreas en las que yo debía cambiar. La "dulce Magie" no siempre era tan dulce. Dios ya había hecho una gran obra de sanidad en mi corazón, pero mi cambio debía ser tangible. Me quejaba con Dios todos los días por no recibir de mi esposo lo que, según yo, merecía. Mi oración era: "Señor cambia a mi esposo", pero la oración correcta tenía que comenzar con decir: "Señor muéstrame en qué debo cambiar". Dios ordena los pasos y la vida de Sus hijos. Él no permite que nos ocurra algo simplemente porque sí o por casualidad, lo que significa que hay pruebas que permitirá tan solo para que sepas que necesitas cambiar. ¿Podrías verte cada día al espejo y preguntar: "Señor, quiero ser una mujer conforme a Tu corazón, qué áreas de mi vida necesitas tratar"? Yo me enfocaba solo en los defectos de mi esposo y en sus áreas débiles, lo señalaba y me justificaba, mientras nuestra situación empeoraba cada vez más.

Tu milagro depende de que tú cambies

La Biblia es clara en mencionar que un esposo cambia al observar la conducta íntegra y respetuosa de su esposa, a través de un espíritu dulce y pacífico (1 Pedro 3:1-2). Toda la consejería matrimonial del mundo no te servirá de nada si tú no obedeces los principios de la Palabra de Dios que deben convertirse en la regla de tu vida. Muchos consejeros te podrán decir que tienes derecho a divorciarte, a enojarte y sentir resentimiento y no perdonar, pero lo único que cuenta, si quieres obtener tu milagro, es tu fe y tu obediencia a Dios y a los principios que enseña Su Palabra. No podemos cambiarnos a nosotras mismas, solamente el Espíritu Santo puede hacer esa obra perfecta en nuestro temperamento, tomando control de nuestras emociones y sentimientos para no caminar en la carne sino llenas de Él. La mujer sabia edifica su casa, tanto espiritual como físicamente. El establecimiento de su hogar comienza en su corazón. Su sabiduría está fundamentada en su temor al Señor y en vivir llena de amor, gozo, paz, paciencia, bondad, fe, mansedumbre y templanza. Cuando te hayas sometido a la Palabra de Dios y al poder transformador de Su Espíritu, no será necesario que convenzas a otros de que has cambiado. Dios se moverá en la conciencia de tu cónyuge diciéndole en su interior: "Ella tiene Mi bendición y Mi aprobación."

¿Qué es caminar en la carne? Es todo pensamiento y razonamiento, toda decisión y acción que tomas sin la dirección del Espíritu Santo. Cuando esto sucede, te sales de la cobertura de tu Padre. No es que Dios no te proteja, es que voluntariamente te alejas de Él. Entonces, comienzas a exhalar un olor particular que el diablo empieza a percibir. Caminar en la carne aborta el propósito de Dios en tu vida. Debes estar consciente de que Satanás anda como león rugiente buscando a quién devorar (1 Pedro 5:8). Lo que significa tragar, sorber, así que podríamos decir que él tiene una clase de hambre que no es saciada. Toma en cuenta que ese león solo come carne, no puede comer Espíritu. Por lo tanto, cada vez que caminas en la carne, tu mente se convierte en un campo de batalla (Gálatas 5:17-21).

Muchas veces, cuando enfrentamos crisis en nuestro matrimonio, todo se lo atribuimos al diablo, pero debemos reconocer que es nuestra carne, nuestro carácter, esas debilidades en nuestra vida que no rendimos a Dios las que nos provocan dificultades. Nuestra carne tiene que ser crucificada todos los días con los clavos de la cruz, no con tachuelas.

¿Qué es caminar en el Espíritu? Vivir según el Espíritu Santo es vivir en la plenitud de Dios, a través de un cambio radical en nuestra forma de pensar, ser y actuar; es vivir de fe, de esperanza, y de amor; es dejar que Dios tome posesión de nosotras y cambie de raíz nuestro corazón, haciéndolo a Su medida. Si Él vive en ti, déjalo que te dirija. El Espíritu Santo te provee instrucciones absolutamente claras y detalladas que alejan las dudas y la confusión, de modo que puedes liberarte de la preocupación y ansiedad, sin importar lo que esté ocurriendo a tu alrededor (Gálatas 5:22-24). Si no llevamos el fruto del Espíritu, contristamos al Espíritu. Gálatas 6:1 dice: *Hermanos, si alguien es sorprendido en pecado, ustedes que son espirituales deben restaurarlo con una actitud humilde.* Así que en todo momento, debemos mostrar una actitud piadosa, de buen testimonio para nuestro cónyuge. El divorcio no es una opción para una mujer llena del Espíritu Santo, todo lo contrario, el fruto del Espíritu te hace desear darle a tu esposo una segunda, tercera o cuarta oportunidad con un amor sacrificial.

Mi decisión de vivir en el Espíritu, me ayudó a tomar decisiones con la sabiduría de Dios. Santiago 3 nos recuerda que la sabiduría del mundo es humana y diabólica, en el verso 17 y 18 dice: *En cambio, la sabiduría que desciende del cielo es ante todo pura, y además pacífica, bondadosa, dócil, llena de compasión y de buenos frutos, imparcial y sincera. En fin, el fruto de la justicia se siembra en paz para los que hacen la paz.* Fue esta clase de sabiduría la que me ayudó a no tomar venganza cuando las cosas que me pasaban me parecían injustas. La sabiduría de Dios te ayuda a entender que las reglas de Dios no existen para esclavizarte sino para ayudarte a transformar tu matrimonio, porque la mujer ejemplar hace de su marido un rey, pero la mala esposa lo destruye por completo (Proverbios 12:4).

> Decidí permitirle al amor y a la relación que una vez disfruté que volviera a vivir.
> –Janet Moya

La palabra sabiduría aparece 248 veces en la Biblia y mientras más leas y aprendas sobre ella, especialmente en todo en el libro de Proverbios, Dios hará una gran obra en ti y te enseñará a contar tus días trayendo sabiduría a tu vida. El corazón está lleno de pensamientos, y es de esa reserva, buena o mala, que hablas a tu cónyuge (Lucas 6:45). Como mujeres, tenemos un poder y una responsabilidad increíbles en nuestras manos. Tenemos la capacidad de ensalzar o derribar a nuestro esposo. Podemos fortalecerlo o perjudicarlo en formas que trascienden la relación, porque el respeto en el hogar influye en todas las esferas de la vida de un hombre. No se trata solo de cambiar la manera de hablar, sino de cambiar de raíz lo que está en tu corazón y renovar tu mente con la Palabra de Dios (Proverbios 23:7). Muchas veces, tus respuestas son emocionales y motivadas por un cúmulo de resentimiento cuando te has sentido herida, lastimada o incomprendida, lo cual te lleva a reaccionar en tu carne. Vuelve a la fuente. ¡Atrévete a rendirte totalmente a Cristo como dueño y Señor de tu vida! Atrévete a decirle hoy mismo: "Señor, muéstrame lo que debo renovar en mi vida y cómo hacerlo, quiero ser llena de ti, de Tu amor, de Tu poder."

Aprende la fórmula secreta del matrimonio

Me había involucrado a servir en un ministerio de mujeres, ya que para mí era la mejor manera de agradecer a Dios por los cambios que estaba haciendo en mi vida y mi matrimonio. Las sesiones, muchas veces, se extendían hasta la noche. Recuerdo que un día mi esposo fue a recogerme; ya estaba cansado de esperar que yo terminara con mi sesión y sin duda, se había tomado muchas tazas de café. Llamó a mi teléfono celular y me expresó lo molesto y cansado que estaba por esperar. Sentí que no me comprendía, que solo pensaba en él y que no estaba dispuesto a hacer algo por mí. En todo el recorrido a casa no hablamos, yo iba muy enojada y obviamente, él también. Llegué a casa y me encerré en el baño a quejarme con Dios. Al día siguiente, me llamó por teléfono una amiga del ministerio, una mujer mayor que recién se había quedado viuda. Sin duda enviada por Dios, dijo: "Magie, cómo estás, hoy sentí en mi corazón llamarte para darte un consejo, y es que cuides a tu esposo, que lo honres. Yo dediqué muchas horas al ministerio y lo descuidé, ahora que no está, lo extraño mucho y me arrepiento del tiempo perdido." Le agradecí, pero estaba segura que era Dios hablando. Me encerré en mi habitación a orar y sentí que Dios me decía: "No estás honrando a tu esposo". Abrí mi Biblia justo en Efesios 5:33. Allí estaba la respuesta, esta era la fórmula para mejorar mi relación matrimonial. Amor y respeto. Inmediatamente, fui a mi computadora a buscar todo lo que pudiera ayudarme. Encontré el ministerio del Dr. Emerson Eggerichs, quien ha dedicado mucho tiempo a escribir sobre lo que significa el amor y respeto en un matrimonio. Fue así como pude comprender que mi amor no es suficiente, que mi esposo necesitaba percibir mi respeto por sobre todas las demás cosas.

Las mujeres tenemos una inclinación a querer controlar todo y arreglarlo todo. Esto puede no solo detener el flujo del amor de nuestro esposo sino que hace que perdamos de vista la necesidad de cambiar, y con frecuencia no nos damos cuenta de que nuestras palabras y acciones demuestran justo lo contrario. Tanto la armonía como la felicidad en el matrimonio no se basan únicamente en el amor. Una esposa necesita amor, y el esposo necesita respeto. Sin amor, la esposa reacciona sin respeto; y sin respeto, el esposo reacciona sin amor, lo que genera un ciclo negativo. En el matrimonio se debe vivir conforme al amor de Dios. Esto no surge de forma automática, sino de manera sobrenatural, a medida que obedeces al Espíritu Santo y a Su Palabra.

Si realmente quieres hacer la voluntad de Dios en tu vida y en tu matrimonio, hay muchos pasajes bíblicos que te darán estrategias. En el libro de Ester, capítulo 1, leemos cómo la falta de respeto de Vasti hacia su esposo, el rey Asuero, hizo temblar de miedo a los hombres del reino. Ellos dijeron: *Porque todas las mujeres se enterarán de la conducta de la reina, y esto hará que desprecien a sus esposos, pues dirán: "El rey Asuero mandó que la reina Vasti se presentara ante él, pero ella no fue." El día en que las mujeres de la nobleza de Persia y de Media se enteren de la conducta de la reina, les responderán de la misma manera a todos los dignatarios de Su Majestad. ¡Entonces no habrá fin al desprecio y a la discordia!* (Ester 1:17-18) El temor más grande de un hombre es no sentirse respetado y el temor más grande de una mujer es no sentirse amada. Así que el apóstol Pablo lo dejó muy claro para nosotros en Efesios 5:33: *En todo caso, cada uno de ustedes ame también a su esposa como a sí mismo, y que la esposa respete a su esposo.*

María Hallet dijo: "Cualquier mujer será conforme al corazón de Dios cuando decida, por la gracia de Él, permanecer refinada en su actuar y en su hablar cuando la moda es mostrarse dura de carácter; ser digna cuando las demás tratan de parecer desenfrenadas; mantener una verdadera perspectiva, un sentido real de los valores en una época irresponsable."

Ninguna mujer experimentará satisfacción mientras no renueve su compromiso con Dios y con su esposo de ser una esposa sabia. El principio de la sabiduría es el temor a Dios, pero también es un hermoso regalo que el Señor te da, si se lo pides (Santiago 1:5). La mujer que realmente conoce y reverencia a Dios será motivada a vivir con paz y gozo dando honor a su cónyuge, porque de esta manera agrada y sirve a Dios. Tu esposo puede no ser amoroso, íntegro, fiel, pero si tú eres una mujer sabia, que hace lo correcto, será Dios mismo quien hará de él la clase de hombre que tú mereces. La relación matrimonial prospera, no porque se castigue al culpable, sino porque el inocente es misericordioso.

Renueva el compromiso de honrar a tu esposo, lo merezca o no

Muchas mujeres están frustradas y piensan que no vale la pena honrar a su esposo, más aún cuando él es la parte culpable. Sienten que algo se perderá en ellas si se humillan y le muestran honra y respeto a alguien que no lo merece. Sin embargo, con toda certeza puedo decirte que cuando te humillas, Dios te levanta y tu esposo hará aprecio de ti, lo que es mucho más que ser amada. Dios te dice: "He visto tus frustraciones y conozco tus interrogantes. Mis ojos iban de un lado a otro, buscando alguien que estuviera dispuesta a dejar de lado todas las cosas y tú dijiste "Aquí estoy". Inmediatamente te encontraste en el fuego y estaba más caliente de lo que tú nunca esperaste. Me has recordado muchas de Mis palabras y promesas para ti. Mi amada, he escuchado tu clamor. Debes saber que Yo no me vuelvo atrás, no puedo, porque estoy rodeado de Mi Palabra. Mis manos no han estado ociosas.

He estado contigo en cada frustración y dolor que te ha sido causado, ya que Mi nombre es Emmanuel. Debes saber hija Mía, que Yo estoy preparando el camino. Los preparativos están en marcha para tu avance. Sé sensible a Mi dirección, incluso hasta en el detalle más insignificante, porque es vital. No temas perderme o perder Mi dirección. Has caminado muchos kilómetros espirituales para Mí y has peleado muchas batallas, eso me complace. Incluso a pesar de tu propio dolor. Tú has clamado y a través de tus lágrimas me has dicho que todo parece sin esperanza a tus ojos. Aunque pareciera que te he abandonado, debes saber que Yo soy Emmanuel. Aunque pareciera que Mis ojos y Mis manos no han estado sobre ti, debes saber que Yo soy Emmanuel."

> El amor de él bendice, sin depender del respeto de ella. El respeto de ella bendice, sin depender del amor de él.
> —*Emerson Eggerichs*

El deseo de Dios para nosotras es, y siempre será, experimentar la vida victoriosa en todos nuestros caminos. Sin importar qué se atraviese y qué suceda, nuestra confianza debe estar en Él. Cuando nuestra vida se pone a prueba, revela de qué estamos hechas. No importa cuán sombría y sin esperanza mires tu relación matrimonial o cuán lejana se mire la victoria, con Dios todas las cosas son posibles. Es Su Palabra y tu fe lo que te hace prevalecer y perseverar con firmeza, manteniéndote enfocada en el futuro de tu matrimonio, no en cómo se ve el panorama en este momento. Aunque pienses que nada está sucediendo, en realidad estás avanzando y creciendo espiritualmente porque Él es tu Señor y la fuente de donde fluyen tus bendiciones.

Eran las 2:00 de la mañana de un 14 de marzo, cuando un sueño me despertó abruptamente. Me había dormido llorando y hablando con Dios sobre esas áreas que yo anhelaba que cambiara en mi esposo. En el sueño, Dios me dijo: "Lava los pies de tu esposo, entonces vendrá la sanidad." Me estaba pidiendo honrar a mi esposo a pesar de todo, lavarle los pies en el sentido literal y espiritual. Me levanté a leer por qué razón Jesús lavó los pies de Sus discípulos (Juan 13). Sin duda es uno de los actos de amor, humildad y servicio más memorables de la vida de Jesús y me estaba pidiendo ser como Él. Efesios: 5:1 dice: *Ustedes son hijos de Dios, y él los ama. Por eso deben tratar de ser como él es. Deben amar a los demás, así como Cristo nos amó y murió por nosotros. Su muerte es para Dios como el delicado aroma de una ofrenda.*

Muchas veces para cumplir la voluntad de Dios debemos morir a nosotras mismas, y una vez más, Dios me estaba dando una estrategia que me llevaría al camino de la restauración. En la Biblia, hay una mujer de la cual podemos aprender estas virtudes, su historia es impresionante, y comienza en 1 Samuel 25:2-3: *Había en Maón un hombre muy rico, dueño de mil cabras y tres mil ovejas, las cuales esquilaba en Carmel, donde tenía su hacienda. Se llamaba Nabal y pertenecía a* la familia de Caleb. *Su esposa, Abigail, era una mujer bella e inteligente; Nabal, por el contrario, era insolente y de mala conducta.* Es posible que esta mujer estuviera acostumbrada a ordenar el caos que su marido creaba.

La Biblia la describe como una mujer sabia y de hermosa apariencia. Pero a su encanto femenino le añadió misericordia y compasión. Ella conocía a Dios y aunque vivía en un hogar infeliz, siguió siendo una mujer santa. Había experimentado que en Dios encontraba una fuente de gozo que le permitía ser independiente de las circunstancias adversas y difíciles de su miserable vida hogareña; había experimentado que el verdadero gozo no está en los brazos de un hombre, sino en los brazos de Dios, pues estaba casada con un hombre que la Biblia describe como insolente y de mala conducta.

Cuando David planeaba matar a Nabal, ella inmediatamente da muestras de su amor incondicional y humildad, poniendo en marcha un plan estratégico para salvar la vida de un marido que no la merecía, en un tiempo en el cual no se le permitía a la mujer hebrea hablar excepto en caso de emergencia y de gran necesidad. En pocas palabras, con un acto de bondad lavó los pies de su terco marido. 1 Samuel 25:23-25 relata: *Cuando Abigail vio a David, se bajó rápidamente del asno y se inclinó ante él, postrándose rostro en tierra. Se arrojó a sus pies y dijo: —Señor mío, yo tengo la culpa. Deje que esta sierva suya le hable; le ruego que me escuche. No haga usted caso de ese grosero de Nabal, pues le hace honor a su* nombre, que significa "necio". Ella se acercó humildemente a David con una gran ofrenda de paz. Su serenidad y sabiduría aplacó la ira de David y la puso en una posición ventajosa y recibió la bendición del rey, tal como leemos en 1 Samuel 25: 32-33: *David le dijo entonces a Abigail: — ¡Bendito sea el Señor, Dios de Israel, que te ha enviado hoy a mi encuentro! ¡Y bendita seas tú por tu buen juicio, pues me has impedido derramar sangre y vengarme con mis propias manos!*

Esta es una mujer con inteligencia celestial, autocontrol, sentido común y visión, quien ejerció una influencia ilimitada sobre un gran hombre y se destacó como una mujer verdaderamente grande. El resto de la historia termina como un cuento de hadas. Sin embargo, ella no abandonó al impío de su marido, ni trató de divorciase de él, sino que siguió siendo una esposa protectora y fiel. Su fe en la suficiencia divina provocó que se mantuviera como una heroína de Dios.

Fue así que imitando su ejemplo, arreglé mi habitación, puse velas y cuando mi esposo llegó a casa, le pedí sentarse en la cama, puse un recipiente con agua, me hinqué y lavé sus pies siguiendo el ejemplo de Jesús cuando dijo: *Pues si yo, su Señor y Maestro, les he lavado los pies, también ustedes deben lavarse los pies unos a otros. Yo les he dado el ejemplo, para que ustedes hagan lo mismo. Si entienden estas cosas, háganlas, y así Dios los bendecirá* (Juan 13:14, 15 y 17). Le pedí perdón nuevamente y oré por él, pidiéndole a Dios que limpiara su caminar. Pude haber escogido lo contrario y hacerle la vida imposible, pero escogí ser sabia y decir: "Renuncio a toda venganza y escojo honrarte. ¡Sigamos adelante!" Las heridas pueden ser profundas, pero el secreto de ser como Jesús es poner nuestros ojos en Él. Trata de cambiar tu mirada, aléjala de aquel que te hirió y fíjala en quien te salvó. Porque Él tiene un corazón perdonador, nosotros podemos tener un corazón que perdona. ¡Podemos tener un corazón como el de Jesús!

> La esposa es el pilar que sostiene a la familia y la mantiene de pie, si renuncia, el hogar se convierte en ruinas.

Siempre le había dicho: "Señor, quiero un corazón como el tuyo, ayúdame a ver a Benjamín con tus ojos, porque si lo veo con los míos, siempre veré sus imperfecciones." Así que en ese momento, seguramente me estaba poniendo a prueba. Ciertos conflictos pueden resolverse con un recipiente con agua y una toalla. Talvez digas: "Yo no he hecho nada malo. Yo soy a la que han engañado. No fui yo la que mintió. Yo no soy la culpable." Talvez no lo seas, pero Jesús tampoco lo fue y aún así, lavó los pies de Judas aquella noche. Si actúas con humildad y servicio, Dios te recompensará. Job 33:23-30 dice: *Mas si un ángel, uno entre mil, aboga por el hombre y sale en su favor, y da constancia de su rectitud; si le tiene compasión y le ruega a Dios: "Sálvalo de caer en la tumba, que ya tengo su rescate", entonces el hombre rejuvenece;*

¡vuelve a ser como cuando era niño! Orará a Dios, y él recibirá su favor; verá su rostro y gritará de alegría, y Dios lo hará volver a su estado de inocencia. El hombre reconocerá públicamente: "He pecado, he pervertido la justicia, pero no recibí mi merecido. Dios me libró de caer en la tumba; ¡estoy vivo y disfruto de la luz!" Todo esto Dios lo hace una, dos y hasta tres veces, para salvarnos de la muerte, para que la luz de la vida nos alumbre. Cuando tú veas con verdadero amor y perdón a tu esposo, tu genuina intercesión por él cambiará el rumbo de tu matrimonio. Habrá más oportunidad para que él abra sus ojos y reconozca su necesidad de restauración. Un corazón sencillo y sincero nunca queda defraudado.

Renueva el compromiso de honrar tu matrimonio

Tu relación matrimonial está bajo ataque y quizás hasta ahora no has encontrado las respuestas a problemas tan complejos. Dios nos hizo y Él sabe mejor que nadie cómo podemos vivir y funcionar como personas y como matrimonio. Dios espera que honres esta relación como Su creación más hermosa para hacer avanzar Su Reino. No se trata de ti, se trata de Él, ya que en la Biblia vemos que ser una obra de Dios es el principio fundamental del matrimonio, y lo más importante es que existe para la gloria de Dios. En Hebreos 13:4 leemos: *Honroso sea a todos el matrimonio*, sin embargo, no hemos entendido lo que el principio de la honra significa realmente. Honor es esplendor, gloria y reputación, adornar. La palabra precioso es la más usada en el Nuevo Testamento para hablar de honor. Es la usada en 1 Corintios 3:12 donde Pablo habla de oro, plata, y piedras preciosas. Tu matrimonio tiene un valor incalculable, es un tesoro que merece ser guardado y protegido por sobre todas las cosas.

Las crisis matrimoniales me sirvieron para que Dios me mostrara el valor de un pacto. Cuando le hice promesas a mi esposo en el altar, el día de nuestra boda, Dios estaba siendo testigo de esas promesas. La Biblia dice que cuando hagamos una promesa a Dios, no tardemos en cumplirla. El compromiso de honrar mi matrimonio era con Dios, más que con mi esposo, porque Él es el Creador del matrimonio, lo creó para Su gloria y para nuestro bien. Él nos unió a mi esposo y a mí con el propósito de representar el fiel amor de Cristo por Su Iglesia (Efesios 5), por lo cual no estaba en mis manos destruir algo que Dios creó. Dietrich Bonhoeffer dijo: "Dios hace que su matrimonio sea indisoluble y lo protege de todos los peligros que lo puedan amenazar." Es una bendición saber que no hay poder en la tierra, ni tentación, ni debilidad humana que pueda disolver lo que Dios mantiene unido; ciertamente, cualquiera que sepa eso puede decir confiadamente: "Nadie puede separar lo que Dios ha unido". Libre de toda ansiedad, que es siempre una característica del amor, se lo pueden decir mutuamente con una convicción completa y segura: "Ahora, nunca podremos perdernos el uno al otro; nos pertenecemos mutuamente hasta la muerte, por la voluntad de Dios".

Desde hoy en adelante, toma la decisión de ser una mujer sabia y prudente, una mujer de fe que ama tanto a Dios que honra a su esposo y honra su matrimonio como su más preciado tesoro. Si somos sinceras, no es fácil, porque el matrimonio es un esfuerzo diario y significa renunciar a tus derechos. Satanás sabe que tu corazón está dispuesto a ser más como Cristo en tu hogar, así que constantemente va a traer pruebas y desánimo, pero si estás comprometida con Dios y con tu cónyuge, tu recompensa será grande. No hay otra escuela tan difícil e intensa como la escuela del matrimonio. La vida con nuestros seres queridos es el pináculo, la misma cumbre, de todas nuestras pruebas. Si erramos en esa área, erraremos en nuestra vida.

Cuando comprendí todo esto, decidí escribir una carta a mi esposo y ahora te la comparto. Resume el sentir del corazón de una esposa comprometida con Dios y con su matrimonio. Ya sea que tu esposo esté separado de ti o esté en casa, pero emocionalmente divorciado de ti, a través de estas palabras, Dios te dará la gracia y la fortaleza para permanecer firme en tu pacto matrimonial.

Amado esposo

Quizá esta sea una carta muy distinta a las que he escrito para ti, no porque lleve más o menos amor, sino porque estoy escribiéndola con dolor y de lo más profundo de mi corazón. La escribo llorando como una niña que se ha perdido, porque me doy cuenta de que al estar separados, una parte de mí se ha quedado contigo. Conocerte y amarte ha sido la experiencia más sublime de mi vida, sin embargo, reconozco que cometí errores, que ambos tomamos decisiones desacertadas y ahora estamos aquí en esta situación que, como te repito, me causa mucho dolor. Me he dado cuenta de que no fue el motivo de las peleas lo que nos separó, sino las peleas mismas que surgieron de la nada. Somos diferentes y eso nos causaba incomodidades. Y es que no sabía que Dios así nos hizo, no para que compitiéramos entre nosotros, sino para que fuéramos un complemento.

Ante una situación tan amenazadora como la nuestra, muchos corren a Dios, no para buscar Su propósito, sino para pedirle que los saque de apuros. En mi caso, te puedo decir que no ha sido así, esta separación me hizo acercarme a Dios, llevar mis heridas a la cruz e intercambiarlas por el amor y la misericordia de Cristo, y conocerlo como nunca antes imaginé, un Dios compasivo que me recibió con los brazos abiertos y me ha dado lo mejor de Su gracia y poder. Un Dios que quitó la venda de mis ojos y abrió mi entendimiento espiritual. Su Palabra dice en Oseas 4:6: *Mi pueblo perece por falta de conocimiento.* Es ese entendimiento espiritual el que me ha hecho comprender los errores que cometí contigo y por los cuales he pedido perdón y vuelvo hacerlo a través de estas líneas, porque sé que es algo que está siendo difícil para ti.

He aprendido que el perdón no es un sentimiento, sino un mandamiento (Mateo 6:14-15) y que es un obsequio. Cuando retenemos el perdón en nuestro corazón, nuestra alma se hiere porque se niega a soltar el dolor. Solo el Espíritu Santo nos capacita para perdonar y volver a confiar. No importa cuál haya sido la ofensa ni cuán grande haya sido el fracaso, Jesús derramó Su sangre en la cruz por ello. Y he aprendido que una pareja que es rápida para perdonar puede sobreponerse a cualquier obstáculo que el enemigo ponga en su camino.

> Los procesos de Dios, aunque en ocasiones resulten duros, están diseñados con hilos de amor y nunca destruyen, siempre construyen.
> –*José Luis Navajo*

Muchas personas me han aconsejado abandonar este matrimonio, sin embargo he aprendido que es un pacto que Dios respalda y que no debo claudicar. Es más, ahora estoy convencida de que aquello imposible para mí, no lo es para Dios (Lucas 1:37). Voy a luchar hasta el último momento, porque la mujer que tiene a Cristo en el corazón es una mujer esforzada y valiente. No importa cuánto dure el sufrimiento, la Palabra de Dios me promete que no durará para siempre. El Salmo 30:5 afirma: *Por la noche durará el lloro, y a la mañana vendrá la alegría.* No importa la aflicción que la vida me haya traído, no me detendré hasta que vea la mañana, porque la mañana sí llega. Está al final de cada tropiezo, de las traiciones y de las contradicciones, pero cuando todo ha terminado, la mañana llega. No me había dado cuenta de que Dios estaba más interesado en mi santidad que en mi felicidad pasajera y ahora entiendo que el gozo verdadero no radica en la ausencia de sufrimiento, porque eso es lo que me causa esta separación; el verdadero gozo radica en la presencia abrazadora de Dios en medio de la peor circunstancia. Y no te imaginas cuántas veces he sentido el aliento de Su dulce presencia en la soledad de muchas noches oscuras. Oro para que la oscuridad se disipe de cada área de nuestra vida, como lo hacen las nubes cuando un fuerte viento las empuja. El Señor hará eso por nosotros. El traerá Su gracia, el soplo de Su Espíritu Santo y nos ayudará a ver y nos vigilará en la noche.

No importa cuán prolongado sea en días, semanas, meses o años, yo seguiré confiando en las promesas de Dios para mí, convencida de saber que cada circunstancia que viene a mi vida primero ha pasado por Sus amorosas manos.

Sé que te sorprende que me exprese de esta manera, pero realmente la mujer que tú conociste ya no existe, Dios hizo de mí una persona nueva y está restaurando cada parte de mi vida, porque el que está en Cristo es nueva criatura, las cosas viejas pasaron y Él las hace todas nuevas. Él no hace las cosas a medias, ni pone remiendos, soy una nueva persona comprometida con Dios y contigo.

Mi oración cada día será porque tú también tengas ese encuentro con Dios y no permitas que los placeres del mundo te roben lo que Él quiere darte. Proverbios 5 dice: *Nuestros caminos están a la vista del Señor; él examina todas nuestras sendas. La vida es un soplo.* La verdad es que en un abrir y cerrar de ojos estaremos frente a Cristo y ¿qué le diremos? ¿Qué cuentas le entregaremos? Todo lo que haya sucedido en esta vida no será más que un suspiro. Dios es siempre bueno y permanece fiel; puede usar nuestras circunstancias y dificultades para que dependamos más de Su amor y lo glorifiquemos en este mundo. Necesitamos confiar en Él para que nos libre de nuestros afanes egoístas y pensemos más en el futuro de nuestros hijos, quienes son Su regalo.

¿Me pregunto si algún día nuestra familia volverá a estar unida? Solo el Señor lo sabe. Pero sí estoy convencida de que Él me usará para ser testimonio de luz a los que me rodean. ¿Cómo puedo hacer para que tú vuelvas? Solo con el poder, la sabiduría y el amor de Dios. Con todo mi corazón, mi mente y mi alma digo: "Sí Señor, haré lo que Tú me mandes."

He dejado todo en Sus manos. Y te pido que antes de decidir sobre nuestra relación y nuestro matrimonio, le preguntes a Él qué es lo mejor para los dos. Estoy segura de que el divorcio no es la solución, porque es algo que Dios no aprueba. Una familia fuerte se construye con sacrificio y trabajo difícil. No lo dudo. Pero cuando involucramos a Dios para que nos ayude en ese proceso, sé que no es imposible, como podríamos pensar. Alguien me dijo, y reconozco que es comprensible su posición: "No es fácil perdonar, más aún, volver a confiar". Pero creo que si sometemos a Dios nuestros sentimientos y le pedimos Su fortaleza, lo lograremos. Me fundamento en un principio que trazó el apóstol Pablo al escribir en Filipenses 4:13: *Todo lo puedo en Cristo que me fortalece.* En nuestras fuerzas no es posible, pero sí con ayuda de Dios. No olvides que Él nos creó, conoce nuestras áreas débiles y puede transformar las circunstancias y nuestros sentimientos.

¡No insistas en que te abandone o en que me separe de ti! Porque iré donde tú vayas y viviré donde tú vivas. Tu pueblo será mi pueblo, y tu Dios será mi Dios. Moriré donde tú mueras, y allí seré sepultada. ¡Que me castigue el Señor con toda severidad si me separa de ti algo que no sea la muerte! (Rut 1:16-17)

Con todo mi amor,
Tu esposa

Pasos prácticos
para ayudarte
a renovar tu compromiso

Compartiré algunos principios fundamentales que pueden ayudarte a renovar tu compromiso con Dios y con tu cónyuge. Cada uno de ellos está fundamentado en lo que la Biblia nos enseña acerca del comportamiento y estilo de vida que debemos cultivar. La Palabra también está llena de promesas para tu vida en las que Dios asegura cuidarte, proveerte, protegerte y guiarte. La parte que te corresponde es creer, confiar y obedecer.

1. Depende del Espíritu Santo

Todo lo que pertenece a Dios está a tu disposición. Dios desea bendecir tu matrimonio con sus tesoros de amor, gozo, paz, paciencia, benignidad, bondad, fe, mansedumbre y templanza (Gálatas 5:16-25). Esta lista ilustra el estándar de oro que Dios establece en cuanto al trato con los demás y especialmente en el matrimonio. El Espíritu Santo planta el fruto cuando le permites habitar en tu corazón. El fruto espiritual no puede producirse por esfuerzos humanos. Solo puede ser adquirido cuando es dado por el Padre y recibido por Sus hijos como un regalo. Necesitas la ayuda del Espíritu Santo para disfrutar de estos tesoros celestiales que te abren puertas en toda relación, así que busca establecer una íntima relación con Él.

2. Resiste al diablo

1 Pedro 5:8-9 dice: *Sed sobrios, y velad; porque vuestro adversario el diablo, como león rugiente, anda alrededor buscando a quien devorar; al cual resistid firmes en la fe, sabiendo que los mismos padecimientos se van cumpliendo en vuestros hermanos en todo el mundo.* Resistir es tomar acción. Si quieres que el diablo huya, no tomes vacaciones en la oración. No te rindas. El diablo es un mentiroso y quizás te dirá: "Has cometido tantos errores, Dios no te confiará más". "Este matrimonio nunca se restaurará" (Juan 8:44). Resistir al diablo significa resistir sus ataques y rehusar sus propuestas. Llena tu mente y tu corazón diariamente con la verdad de la Palabra de Dios. Si te dan un consejo que contradice la Palabra, entonces no es de Dios. Cuando estás en necesidad, confundida o sufriendo, eres más vulnerable a la manipulación.

3. Somete tus emociones a tu voluntad

Hebreos 5:14 comparte: *El alimento sólido es para los que son maduros, los que a fuerza de práctica están capacitados para distinguir entre lo bueno y lo malo.* Es decir que la madurez cristiana se alcanza a través de la relación con Dios y de la ejercitación de los dones que nos da. La mente se renueva por la Palabra de Dios y la voluntad debe someterse a Él, así que no existe la oración: "Señor... cámbiame, renuévame", porque no podemos pedirle que haga exactamente lo que dijo que nosotros hiciéramos. Romanos 12:2 advierte: *Y no adopten las costumbres de este mundo, sino transfórmense por medio de la renovación de su mente, para que comprueben cuál es la voluntad de Dios, lo que es bueno, agradable y perfecto.* Las emociones no son confiables, así que nunca te dejes guiar por ellas, más bien busca renovar tu entendimiento a través de la Palabra de Dios, para que Él te ayude a tomar decisiones, conforme a Su voluntad.

4. Lleva cautivos tus pensamientos a la obediencia de Cristo

2 Corintios 10:5 explica: *Derribando argumentos y toda altivez que se levanta contra el conocimiento de Dios, y llevando cautivo todo pensamiento a la obediencia a Cristo.* Permitir que esta obra interna de Dios se lleve a cabo en nosotros es nuestro mayor reto. El apóstol Pablo nos da otra alternativa en Filipenses 4:8: *Todo lo que es verdadero, todo lo honesto,*

todo lo justo, todo lo puro, todo lo amable, todo lo que es de buen nombre; si hay virtud alguna, si algo digno de alabanza, en esto pensad. Dejemos de buscar excusas y decidamos que nuestros pensamientos, actitudes y percepciones sean conforme a lo que el Señor nos enseña. Es muy fácil justificar y defender nuestras ideas con argumentos convincentes que muchas veces son contrarios a lo que Dios nos pide, así que antes de pensar algo, preguntémonos cómo pensaría Cristo y actuemos en consecuencia. Es mejor, incluso por salud mental, pensar bien, dejarnos de suspicacias e interpretaciones. El mundo dice: "Piensa mal y acertarás", pero Jesús nos pide que no contaminemos nuestra mente con malos pensamientos.

5. Suelta los recuerdos y las emociones negativas a través de la fe

Isaías 43:18 aconseja: *No os acordéis de las cosas pasadas, ni traigáis a memoria las cosas antiguas.* Es vital dejar el pasado doloroso y difícil atrás, porque tenerlo presente solo te amarga y provoca que pierdas la ilusión; te desgastas y dejas de disfrutar de la vida. Dios no quiere que pases tus días mirando por el espejo retrovisor. Ya es hora de mirar hacia adelante y concentrarte en lo que tienes ante ti. Dios quiere hacer algo nuevo en tu vida.

6. Toma la decisión diaria de ser agradecida

1 Tesalonicenses 5:18 pide: *Den gracias a Dios siempre, esto*

es lo que él quiere para ustedes en Cristo Jesús. Por difícil que sea, hay que dar gracias en todo, en los momentos buenos y malos, incluso cuando no tengamos ganas de hacerlo. Es fácil dar gracias cuando se tiene un matrimonio sólido, buenos hijos y dinero en el banco. Pero, ¿qué pasa cuando el matrimonio se desploma, los hijos se vuelven rebeldes o escasea el dinero? Ser agradecida te motiva a buscar el propósito de Dios en medio de tus circunstancias. Saber que el Señor permite las penas y las dificultades con un buen propósito, suaviza el dolor. Aunque no entiendas las razones de tu sufrimiento, da gracias porque puedes descansar sabiendo que Él está usando cada adversidad para transformarte a la imagen de Cristo (Romanos 8:28). Aprende esto: el agradecimiento prepara el camino para el milagro, sin importar cuán difícil sea la situación.

7. Desarrolla relaciones con personas comprometidas con Dios

Salmo 119:63 asegura: *Compañero soy yo de todos los que te temen y guardan tus mandamientos.* Todos necesitamos el apoyo moral y espiritual en algún momento, y trae mucho consuelo recibirlo oportunamente. Quizá las personas no puedan ayudarte a resolver tus problemas, pero sí pueden darte fortaleza y ánimo, hacerte sentir que no estás sola. ¡Eso es importante!

El Señor te dice

Mira al pasado y contempla hasta dónde has llegado. Has superado buena parte de tu vida sin raíces ni tronco, pero finalmente has echado raíces y has dado fruto. Ha sido difícil, aunque valioso, porque el fruto seguirá siendo madurez y estabilidad. Lo que Yo he construído no se derrumbará y lo que Yo he plantado no lo arrancaré. Has aguantado el tiempo más difícil de tu vida y has luchado una batalla desigual, imposible de ganar en tus fuerzas. Pero has obtenido la victoria porque has confiado en Mí. La batalla no se ha acabado y tampoco tú has terminado, ya que te he llamado a perseverar como poderosa guerrera en Mi Reino. Mi fortaleza es suficiente para que mantengas la buena actitud y alcances la paz. ¡La victoria está a tu alcance! Has hecho un gran esfuerzo durante mucho tiempo para sobreponerte a lo que parecía perdido. Ahora podrás ver la luz. No estarás necesariamente al final del largo y oscuro túnel, pero podrás ver y tener esperanzas de nuevo. Mi Palabra para ti es que sigas adelante y recuerdes que Yo estoy contigo para ayudarte a atravesarlo. Yo te daré la fuerza y la dirección necesarias para la siguiente fase de transición. Cada paso se iluminará ante ti, ya que de veras he ido delante para enderezar los caminos torcidos, para romper toda barrera y estorbo, para que puedas cumplir Mis propósitos para ti. Ya he preparado la nueva ruta para que tú avances, declara el Señor.

Oremos

Amado Señor, se que me estás llamando a ser una mujer valiente, me has comisionado para conquistar y necesito estar preparada para traer una transformación, un cambio seguro a mi matrimonio. Se que Tu plan es la victoria y no la derrota. Aunque a veces me siento intimidada se que dentro de mi alma late el corazón de una vencedora. Yo voluntariamente le digo "Sí" a este llamado, seré una guerrera fuerte y dispuesta, junto a Ti seré una transformadora de mi historia y mi matrimonio. Se que estoy en Tu Reino para un tiempo como este y quiero ser una herramienta útil en Tus manos para manifestar tu gloria. Ahora reconozco que no puedo confiar en mis habilidades y que no es en mis fuerzas, sino en el poder del Espíritu Santo. Se que confías en Mi, y yo respondo permitiéndole al Espíritu Santo llenarme de poder y equiparme para vivir llena de una valentía victoriosa. En Tu nombre seré una mujer fuerte y dispuesta.

Y porque sonreí en vez de fruncir el ceño,
el mundo conocerá el poder de la gracia.
La esperanza tiene pies, y
correrá a los rincones de la tierra,
porque luché contra la destrucción.

Soy una mujer, una madre. Soy la que continúa
y sostiene la vida sobre la tierra.
El cielo se levanta ante el honor de mi misión.
Nadie más puede atender mi llamado.
Soy la hija de Eva. Eva ha sido redimida.
Soy lo opuesto a la muerte. Soy una mujer.

–*Christianna Maas*

CAPÍTULO 5

Conquista tu matrimonio y tu herencia

Y les daré un corazón, y
un camino, para que me
teman perpetuamente,
para que tengan bien ellos,
y sus hijos después de ellos.
–Jeremías 32:39

Dios tiene un plan para intervenir milagrosamente en tus generaciones y revertir los planes del enemigo que han estorbado el cumplimiento de tu destino. Para lograrlo, Él necesita que tomes tu lugar, ya que te ha llamado para ser el socorro de los tuyos, así que debes asumir tu posición en Su ejército. Prepárate, el Señor te dará revelación, conforme lo busques con todo tu corazón. Si lo sigues y obedeces, siempre tendrás la victoria. ¡Este es un tiempo de conquista! La palabra conquista viene del hebreo *yarash* que significa ocupar, desalojar a los habitantes y poseer en lugar de ellos. Jesús nos dio la victoria en la cruz, sin embargo, debemos tomar posesión de nuestra herencia, para lo cual es necesario que nos convirtamos en guerreras espirituales que se levanten sobre la desesperanza y la oscuridad. Debemos dar visión, luz y vida a nuestra generación. Un nuevo día ha llegado para las mujeres y Dios está abriendo nuestros ojos para tener una mejor comprensión de nuestro destino, de nuestra identidad y propósito.

Hay situaciones que Dios permite en nuestra vida y familia, aunque pensamos que llegaron para destruir, pero Él no lo ve así, por lo que debemos aprender a interpretar la vida como Dios la ve. Lo que parece horrible o inexplicable se convierte en lo mejor, porque es lo que nos posiciona en la dimensión del cumplimiento de nuestro destino profético. Dios me metió en una escuela de entrenamiento militar durante catorce años. Tiempo después, me mostró que era como estar en la cueva de Adulam (1 Samuel 22; 2 Samuel 23). A esta cueva, que representa un lugar de dolor, vergüenza, frustraciones, pérdidas y traiciones, entraron David y los afligidos, endeudados y amargados, pero después, estos mismos hombres salieron de esa cueva como valientes guerreros. La palabra hebrea para Adulam significa encierro, un lugar de preparación y entrenamiento. Cuando estás en esa cueva, Dios te protege de tus enemigos y te prepara para recibir Su Reino. Te prepara para la victoria y para reinar con Él; en ese lugar no ves la luz del sol, solamente la luz de Cristo.

Un día, escuchaba por la radio a un conocido predicador que dijo: "Algunos de ustedes están en un entrenamiento kaibil, pero dentro de poco tiempo, su Comandante en Jefe, Jesucristo, pondrá sobre ustedes la boina roja de la victoria." En ese momento, sentí muy fuerte cómo el Espíritu Santo hablaba a mi corazón diciendo: "Este es el entrenamiento al cual te llamé. Recibirás fuerzas y estrategias para esta batalla." No era la primera vez que el Señor me hablaba sobre convertirme en una guerrera. Pero en ese momento, estaba a punto de rendirme. Entonces, me di a la tarea de investigar por qué estos soldados son tan especiales en el ejército de Guatemala, qué cualidades los convierten en guerreros tan codiciados, pues aún de otras naciones envían a sus soldados a prepararse bajo ese sistema.

Los kaibiles son una brigada de fuerzas especiales del ejército de Guatemala y su centro de adiestramiento y operaciones está en la región de Poptún, Petén, a 415 kilómetros al norte de la capital de Guatemala, en un lugar denominado "El infierno". Las unidades del batallón deben tener alta disciplina, excelente condición física y mental, y óptimo nivel de entrenamiento que les permita actuar efectiva y eficientemente en cualquier escenario, terreno, condición y contra cualquier amenaza.

Un kaibil completo, un verdadero kaibil, permanecerá como tal hasta el día de su muerte. Su estilo de vida fue transformado con el paso de los años, durante su servicio militar; sus acciones son guiadas por un código de honor de normas personales, no escritas, auto impuestas, gobernadas por cánones de conducta que abrazan la disciplina, el espíritu de sacrificio, el esfuerzo físico y el servicio abnegado. Estos valores generados en el más profundo sentimiento militar, gobiernan el proceder, rigen el carácter, generan la iniciativa, perfeccionan el conocimiento y dirigen el espíritu con el único afán de cumplir la misión y el engrandecimiento del nombre de la unidad a la que pertenecen. Su misión es hacer que las cosas pasen, por lo que su adiestramiento debe penetrar el alma y el corazón.

El kaibil no se forma tan solo con recibir ocho semanas de adiestramiento, ya que ser parte de esta élite es mucho más profundo. Ser kaibil significa haber cambiado de piel y mentalidad; el espíritu kaibil penetra lo más profundo del corazón militar. La mentalidad militar actual considera la lealtad y la obediencia como las virtudes más altas. Estas son esenciales para que un ejército sea un instrumento eficaz.

Los miembros de ese grupo, durante ocho semanas, son sometidos a un entrenamiento de sobrevivencia en condiciones extremas, tiempo durante el cual siempre tienen presente el lema: "Si avanzo, sígueme; si me detengo, aprémiame. Si retrocedo, mátame" El tableteo de las ametralladoras, una densa columna de polvo y humo y jóvenes kaibiles carapintadas con el fusil M-16 al pecho y la bayoneta calada, reciben al visitante en una zona sembrada de minas y plantas de "pica-pica", que causan un escozor interminable. Los estridentes cañonazos y el olor a pólvora ahuyentan a las aves que vuelan despavoridas, mientras los hombres con traje de fatiga se desplazan pecho a tierra por entre el espeso follaje selvático, la tierra y el lodo.

Ese tipo de ejercicios son una demostración de la destreza que estos soldados han adquirido como resultado de un procedimiento desgastante y de privaciones que los ha convertido en implacables soldados de fortaleza inaudita. El kaibil debe saber actuar con destreza en una guerra irregular y ser capaz de cruzar corrientes de agua, pantanos, riscos, hacer demoliciones, detectar y desactivar minas. En la última etapa, el aspirante a kaibil, acostumbrado a comer serpientes, hormigas y raíces, y a captar el agua del rocío en hojas, debe efectuar ataques de aniquilamiento, maniobras de inteligencia, penetraciones en territorio enemigo y reabastecimiento aéreo. Le llaman "El Infierno" al centro de entrenamiento porque los 38 grados centígrados de temperatura y la intensa humedad del lugar han hecho desistir a muchos.

Un entrenamiento de este tipo es el que había tenido con el Señor, quien me había convertido en una mujer osada y valiente. ¡Y este es el llamado de Dios a tu vida! Cuánta similitud hay entre los ejércitos de la tierra y el ejército de Dios. Quizá por esta razón, Pablo le recomienda a Timoteo: *Tú, pues, sufre penalidades como buen soldado de Jesucristo* (2 Timoteo 2:3). El ejército de Dios es uno grande y poderoso, de autoridad. No es un ejército cualquiera, es uno con características muy particulares, en el cual solo los valientes y esforzados se atreven a decir: *"Heme aquí, envíame a mí"*. Para ser parte de este ejército, debemos poseer la mente de Cristo, basada en lealtad y obediencia. Si dejamos que el Señor desarrolle en nosotros una mente victoriosa, entraremos en victoria. Cuando Dios dice: "Victoria", esta es la actitud que debemos adoptar, lo que significa supremacía final y completa en la batalla o en un enfrentamiento militar específico que termina en triunfo.

> **Antes que podamos ganar al mundo, primero tenemos que ganar nuestros hogares.**
> *–Kimberly Daniels*

Dios me había dado grandes victorias en muchas áreas. Sin embargo, cuando pensaba que estaba a punto de obtener la boina roja y el estandarte de victoria, y que todo sería paz en mi hogar, apareció otra batalla más intensa. Habrá veces en las que Dios nos estorba en el camino para que no hagamos algo que nos puede destruir. Y nosotros oramos pensando que el enemigo se nos está oponiendo. No es el enemigo, es Dios mismo impidiendo que lleguemos a nuestro destino sin antes arreglar lo que hay que arreglar en nuestra vida. Hay cosas que tienen que entrar en la legalidad de Dios para nosotros. Ahora estoy convencida de que con cada llamado del Señor, se abre una puerta a un nuevo campo de batalla. Estábamos en un retiro de matrimonios con mi esposo, cuando comenzó una terrible tormenta. Era un área boscosa y el viento soplaba con fuerza sobre los árboles. De pronto, un rayo cayó sobre uno de estos con toda su fuerza. Interrumpimos el retiro, era imposible seguir en medio de esa tormenta. Fue un duro trabajo regresar a casa por una carretera llena de piedras y árboles que obstaculizaban el paso. Al llegar a las cercanías de nuestra casa, no había por dónde ingresar, ya que los ríos se habían desbordado, todo estaba inundado y el puente de acceso había colapsado. Yo estaba lejos de imaginar que esa tormenta natural, también ocurría en lo espiritual. Hay cosas que a veces se levantan contra nosotros que son el redireccionamiento de Dios.

Llegamos a casa con mucho trabajo, pero la tormenta continuó. Esa noche, el volcán cercano a nuestra casa hizo erupción, lanzando una gran cantidad de arena. Amanecimos bajo un manto negro que había cubierto completamente nuestra casa. Así vino nuevamente la oscuridad a nuestra vida. La noche siempre es más oscura antes del amanecer. Es necesaria la oscuridad para que salga de nosotros el clamor a voz en cuello. Jesús mismo vivió esto en sus últimas horas en la tierra (Mateo 27:45-50). Habrá ocasiones en las que atravesarás situaciones tan difíciles que dirás como Él: "¿Padre, porqué me has abandonado?" Unos días después, mi esposo me llamó a nuestra habitación. Ahora él había preparado un recipiente con agua y lavó mis pies pidiéndome perdón. Había estado a punto de fallarme de nuevo, había coqueteado con el pecado y aunque yo ignoraba completamente lo que estaba pasando en su vida, Dios mismo se había encargado de sacarlo a luz. Lloré toda la noche, no comprendía cómo él había traicionado mi confianza una vez más y había echado al bote de la basura tantos años de matrimonio y de luchas. No importa cómo fuera, descubrir una infidelidad, un correo electrónico, un mensaje en el teléfono siempre duele, y cuando la descubres o es confesada por tu cónyuge, te preguntas si debes perdonar o no.

Esa noche, sentí que todo había muerto para mí, es más, yo también moría mientras él hablaba. Dios me había dicho que éramos como Abraham y Sara, y que por nuestro medio serían benditas las familias de la tierra (Génesis 12), pero en ese momento, la promesa era imposible. Así que me retiré a orar. La única manera de conocer claramente lo que Dios piensa de tu situación es hablando a solas con Él. Le dije: "Este matrimonio y este ministerio es un Isaac que Tú me diste, ahora me lo pides, y yo voluntariamente te lo entrego y lo pongo en el altar del sacrificio." Dios siempre tiene Sus maneras de hacernos atravesar estas etapas de dolor; no siempre quita el sufrimiento, pero nos da Su gracia para soportar. Cuando estás pasando por una crisis severa, tienes que concentrarte mucho más en Dios y apoyarte en Su maravillosa gracia para cruzar con fe hacia la restauración. Era la una de la mañana cuando escuché que habló a mi corazón y dijo: "Isaac será levantado." Me estaba dando una hermosa promesa de restauración.

Dios no le pidió a Abraham que sacrificara a Ismael, le pidió a Isaac, quien era la promesa, la visión, el futuro, el destino. Se trataba de una cuestión de fe y obediencia. Él puede y va a resucitar a Isaac cuando lo considere oportuno para cumplir la promesa. Dios me estaba prometiendo que usaría para nuestro bien cualquier cosa negativa que nos pudiera ocurrir como matrimonio. En otras palabras, cada vez que el enemigo trata de robarnos la fe, robar nuestro futuro, o abortar nuestro destino, Dios lo usa milagrosamente para nuestro bien (Romanos 8:28). Nuestro Señor es capaz de devolvernos mucho más de lo que entregamos en el altar del sacrificio. Este es el lugar del refinamiento, donde se forja nuestro carácter. Dios estaba comprometido con Abraham, porque había iniciado una relación de pacto con él que estaba sellada con sangre (Génesis 15:1-21). Pero quería conocer el corazón de Abraham y saber si estaba dispuesto a llegar hasta las últimas consecuencias para hacer lo que le pidiera.

He comprobado que todo lo que pones en el altar del sacrificio vuelve a ti multiplicado. El carácter de Dios es tan maravilloso que nunca nos pedirá o nos llevará a situaciones que nos dañen (Génesis 22:14-18). En medio del caos podemos decir: "Esto no puede estar pasándome a mí. Esto no puede ser de Dios." Sin embargo, la Biblia no coincide con nosotros con respecto al caos. En el caos, Dios hace nuevas todas las cosas (Génesis 1:1-5).

El que mucho perdona, mucho ama

Fueron días de mucho dolor y tristeza, pues cualquier pecado que se comete ante todo, es una ofensa contra el Señor. Me negaba a perdonar a mi esposo y las noches eran interminables entre sollozos y oraciones. Satanás quiere que permanezcamos en lo negativo y que sucumbamos en la desesperación. Muchas veces, Satanás utiliza a nuestros seres más queridos para herirnos. Es fácil perdonar a la cajera del supermercado que se comporta cómo una maleducada, sin embargo, cuando aquellos que nos aman son los que nos traicionan, se hace una herida mucho más profunda.

Quizá parezca algo muy místico, pero una madrugada, escuché ángeles cantar una melodía muy dulce que decía: "La sangre de Cristo tiene poder." Supe que no estaba sola, que Él estaba involucrado en esta batalla y me estaba recordando que es Su sangre la que limpia, pero también clama ¡misericordia! ¡misericordia! Su triunfo sobre los poderes de la oscuridad se impone cuando estamos de acuerdo con aceptar y declarar los beneficios de Su preciosa sangre, ya que es Su sangre la que nos justifica como si nunca hubiésemos pecado. Romanos 5:9 dice: *Con mucha más razón, ahora que ya hemos sido justificados en su sangre, seremos salvados del castigo por medio de él.* Cuando el enemigo viene, nuestro verdadero recurso es aplicar la sangre de Cristo a esa situación. ¡No existe poder del enemigo que pueda mantenerse en pie ante la cobertura y la protección de la sangre de Cristo! Como mujeres de guerra, Dios nos está llamando a volver a nuestro recurso espiritual: La sangre de Cristo. Así que solteras o casadas, diariamente necesitamos orar la sangre de Cristo sobre nuestra familia.

> **Cuando Dios te da una promesa, dentro de esa promesa ya se encuentra la estrategia para derrotar al enemigo.**

Dios sabía que mi corazón le pertenecía y no iba a permitir que se endureciera a causa de esta circunstancia. Oré y le pedí que pusiera Su sangre en mi corazón, en mis pensamientos, en mis emociones, que limpiara mi mente de toda mentira del enemigo. Dios había sido claro conmigo: "Si tú no perdonas, yo tampoco te perdono a ti" (Efesios 4:32).

Me levanté, y comencé a escribirle a mi esposo una carta con todo el amor incondicional que Dios estaba poniendo en mi corazón en ese momento, convencida de lo que dice Lucas 7:47: *Por esto te digo: si ella ha amado mucho, es que sus muchos pecados le han sido perdonados. Pero a quien poco se le perdona, poco ama.* El amor que le tenemos a nuestro esposo es lo que impedirá que intentemos vengarnos. La carta decía así:

Mi amado Benjamín: Durante los últimos diez años, el anhelo más grande de mi vida ha sido servir a mi Señor, por lo cual he orado, ayunado y clamado por un avivamiento en mi vida. He llorado al pie de mi cama pidiendo santidad, dones, unción y que la gloria de Dios sea manifiesta en mí para ser útil en Su Reino. Por mucho tiempo, mi oración fue: "Señor quiero un corazón como el Tuyo". Lo que no sabía es que no podemos hacernos semejantes a Cristo sin experimentar las heridas. ¿De qué otra manera podrá perfeccionarse el amor?

Ya que soy un agente de redención, Satanás siempre ha encontrado el modo de ofenderme, desanimarme, silenciarme o de algún otro modo robar la fuerza de mis oraciones. Sin embargo, las heridas que he recibido a todo nivel, familiar, ministerial y personal, las he interpretado según la luz de la promesa de Dios para dar marcha atrás a los efectos de la maldad, haciendo que funcionen para mi bien (Romanos 8:28). Ya que los ataques espirituales han sido inevitables, he aprendido a descubrir cómo usa Dios mis heridas para que obtenga más poder. Así fue exactamente como Cristo trajo al mundo la redención.

He sido herida, humillada, avergonzada, pero aprendí que el padecimiento no es un desastre, sino una oportunidad. Aprendí que mi amor con propósito puede conmover o no conmover el corazón del pecador, pero siempre conmueve el corazón de Dios. La gente nos muele, pero debemos permitirlo para que ascienda como ofrenda a Dios. Si verdaderamente queremos ser instrumentos de la voluntad y placer de Dios, es la redención, no la ira, lo que debe prosperar en nuestras manos.

Por muchos días he guardado el dolor y talvez el enojo en mi corazón, pero a través de esto también descubrí que la oración constante del intercesor herido tiene mucha influencia sobre el corazón de Dios. Sé que debo tener cuidado. O me hago más como Cristo y te perdono, o entro en una zona espiritual en la que siempre moraré en el recuerdo de mis heridas. Sé que al igual que una enfermedad, los recuerdos dolorosos tienen el poder para destruir todo aspecto de nuestra realidad. Mi temor más grande eran las consecuencias en mi vida y en la de mis hijos, pues la Biblia habla de Dios visitando la maldad de los padres sobre los hijos hasta la tercera y cuarta generación de los que le aborrecen (Éxodo 20:5). La consecuencia del pecado es pasada de los padres a los hijos, y luego de una generación a la otra. Ayer el Señor habló a mi corazón. Ahora entiendo que esta opresión debe ser discernida y expiada o su efecto operará en nuestra contra a través de generaciones.

Unas voces angelicales cantaron esta madrugada en mis oídos: "La sangre de Cristo tiene poder". El Señor me dijo: "Yo derramé Mi sangre para el perdón de sus pecados. Pero si tú no perdonas, yo tampoco te perdono". Ahora entiendo mejor lo que significa el derramamiento de la sangre de Cristo para Dios, para Satanás y para mí. Hago mi consigna de compartir con otros la verdad concerniente a la sangre de Cristo. Me recordaré a mí misma, más a menudo, respecto al pacto que Dios tiene conmigo para perdonar mi pecado y limpiarme de toda maldad a mí y a mis generaciones y protegernos de los planes ocultos de Satanás.

Esta es mi oración: Señor Jesús, gracias por la sangre que vertiste en la cruz por mí. Hoy, en obediencia a lo que me has mostrado, decido perdonar a Benjamín porque me lastimó al no cumplir los votos que me hizo delante de Tu altar. Renuncio a la venganza y arranco de mi corazón toda raíz de amargura, en el nombre de Cristo Jesús. Declaro que no volveré a mencionar este asunto que he perdonado. Padre celestial, te ruego, en el nombre de Jesús, que me perdones por abrigar el dolor; hoy lo pongo al pie de Tu cruz para que me sanes. Toca mi vida con tu Santo Espíritu para vivir con libertad delante de ti, y disfrutar la vida ahora y por la eternidad. Amén.

Los días que siguieron fueron implacables, no solo para mí, también para Benjamín. Parecía que no quedaba nada, pero Dios estaba trabajando en lo profundo de nuestro corazón. Sentía como si alguien muy amado hubiera muerto. Yo también estaba desfallecida, pero mi esposo me necesitaba más fuerte que nunca. Lo veía quebrantado, sin saber qué camino tomar, lleno de confusión. Fue entonces que entregamos todo en las manos de Dios, lo tomé de la mano y le hice saber que estábamos juntos en esto y juntos íbamos a salir.

Había una batalla que pelear, la batalla por mi corazón, el corazón de mi esposo y el corazón de nuestros hijos. Estoy convencida de que Dios ha escogido a la familia como el medio para transmitir una bendición generacional, y ahora estaba demandando de mí para establecer mi casa. Nunca acusé a mi esposo delante de mis hijos, es más, se enterarán de muchas cosas a través de las páginas de este libro. Siempre guardé la honra de mi esposo ante ellos porque sé el lugar que ocupa en su vida. Necesitaba proteger su corazón porque estaba convencida de que Dios obraría el milagro de resurrección. Esta prueba no iba a destruirnos sino a fortalecernos como familia. De lo contrario, las consecuencias hubiesen sido devastadoras, dejando marcas y heridas imborrables en mis generaciones.

Él cambia el lamento en baile

Pasaban los días y no lograba quitarme el luto y la tristeza de mi corazón, recorté y teñí mi cabello de negro. No me daba cuenta de que estaba permitiendo que el dolor se escondiera, hasta que un día, Dios me mostró que estaba invalidando el sacrificio que hizo por mí en la Cruz. Leí Isaías 53, quería convencerme realmente de que Jesús derramó Su sangre por nosotros en la cruz, tomó sobre sí mismo las enfermedades, las debilidades y las angustias, como si fueran Su propia carga. En la medida que abrazaba la verdad de la Palabra de Dios, iba encontrando las fuerzas para quitar de mí los sentimientos de complacencia y para batallar contra mi debilidad. Sé que una de las armas de guerra es la alabanza y la adoración. Cuando lo adoras, Su presencia desarma los planes del enemigo. Adoración significa inclinarse, postrarse ante un superior para homenajearlo. La adoración es un arma que tiene el poder para cambiar la atmósfera desde la desesperanza hacia la esperanza. Podemos pelear contra el dolor o escapar de él. Yo trataba de rechazar el dolor de mis desilusiones. El problema con eso es que cuando corremos, no lo hacemos hacia Dios, sino que para alejarnos de Él. Cuando estamos heridas, no necesitamos forzar nuestros sentimientos para demostrar que somos fuertes, pretendiendo que todo está bien, diciendo: "Gloria a Dios, perdí mi matrimonio, pero todo estará bien". Necesitamos correr hacia Dios y recibir las fuerzas que necesitamos.

> El perdón es un acto soberano que Dios nos ofreció en Cristo; la restauración es un proceso a través del tiempo.
> –*Tommy Moya*

Así que le pedí a mi esposo que me llevara un domingo por la tarde a una iglesia fuera de la ciudad en donde los tiempos de adoración son largos y llenos de Su presencia. No vi si allí había más personas, lo único que me importaba era danzar delante del Señor y que se cayera de mis hombros el manto de luto. Mientras las lágrimas rodaban por mis mejillas, caminaba hacia el frente y Dios me decía: "Deja de pelear y comienza a adorar. Adórame y magnifícame. Deja de mirar la situación y mírame a Mí, porque soy el único que la puede resolver". Dancé y canté sin quitar mis ojos de los Suyos, no veía ni a la derecha ni a la izquierda, no me preocupaba de quién estaba viéndome, era mi fe loca y radical anhelando un milagro de sanidad en mi corazón. Sabía que si lo adoraba, mi batalla sería Su batalla. Cuando desechamos las preocupaciones y rendimos nuestras necesidades a Sus pies, danzando ante Él en total y absoluta sumisión, nuestro enemigo enmudece y es atado. Ese día, salí de ese lugar llena de gozo y fortaleza. Había corrido buscando refugio en medio de mi dolor y lo había encontrado. Postrada a Sus pies, encontré consuelo y sanidad. Aunque el infierno se había levantado, yo era capaz de declarar: "Estoy bien, tengo paz, tengo gozo, porque Él hará conmigo lo que tiene pensado; Él controla mi destino."

Victoria sobre la oscuridad

Cuando el Espíritu Santo comienza un proceso de restauración, nos establece en un nuevo tiempo con una nueva revelación y una nueva vida. El plan de Dios siempre será restaurar y devolvernos lo que el enemigo ha intentado destruir. Si algo necesitábamos mi familia y yo era ser restaurados. Sabía que había pecado y que era el arma que el enemigo estaba usando para robarnos las bendiciones. Decidí hacer un ayuno de tres días tomando solo agua. Cuando estamos enfrentando una batalla, debemos dar pasos radicales para obtener resultados radicales. Debemos expulsar al enemigo con la misma intensidad con la que vino en contra nuestra y yo necesitaba respuestas. Tomé una libreta, un lápiz, mi Biblia y mi reproductora de CD. Durante tres días tenía tiempos de oración, de lectura de mi Biblia, y de adoración a través de la alabanza y de escuchar a Dios. La Biblia dice que cuando el Espíritu de verdad venga, nos guiará a toda la verdad. Y si Él está en mi corazón, seguramente hablará. Escribí el primer día: "Yo sé que veré la gloria de Dios en mi vida y daré testimonio de Su poder". Durante estos tres días, tuve muchos sueños a través de los cuales Dios me mostró lo que estaba arraigado en nuestra línea familiar como una maldición. Todos somos producto de líneas de sangre familiares; todos llevamos características generacionales y patrones de vida que se remontan a las generaciones pasadas. Algunos de estos rasgos son buenos y merecen ser cultivados y desarrollados, pero otros son malos y deben ser crucificados y negados, por lo que necesitan nuestro arrepentimiento, tomar nuestra cruz y seguir a Jesús. Existen tanto bendiciones como maldiciones corriendo por nuestra sangre e impactando nuestra vida. Solo la sabiduría y la fortaleza de Dios pueden abrir o cerrar estas puertas antiguas.

Nadie nace en este mundo perfectamente limpio o sin ser afectado por el pecado y la iniquidad de sus antepasados. David confesó desesperadamente diciendo: *"Yo sé que soy malo de nacimiento; pecador me concibió mi madre"*. Aún así, su espíritu hizo eco del amor y la devoción de Dios hacia nosotros y continuó declarando: *Yo sé que tú amas la verdad en lo íntimo; en lo secreto me has enseñado sabiduría. Purifícame con hisopo, y quedaré limpio; lávame, y quedaré más blanco que la nieve* (Salmo 51:5-7). Dios me dijo una madrugada: "Voy a desarraigar la iniquidad." Así que me apresuré a investigar más sobre este tema y comencé a comprender que mi esposo no era el malo, comencé a verlo a través de las heridas de su corazón y a comprender el origen de sus debilidades. Sabía que amaba a Dios, pero el pecado se manifestaba de continuo en su vida, era una enfermedad espiritual de la cual debía ser sanado, del mismo modo que se busca la sanidad para un cáncer. Una línea de iniquidad estaba operando no solo en él, sino también en mi línea generacional. Muchas personas no entienden la diferencia entre pecado e iniquidad, y las resultantes maldiciones en la línea familiar a causa de la iniquidad (maldiciones generacionales). La mayoría de personas piensan que son lo mismo, pero no lo son. La analogía más sencilla es que así como heredamos la nariz o los ojos de nuestro padre o madre, así heredamos también las debilidades espirituales como el alcoholismo, el divorcio, el adulterio, etc.

El pecar es quebrantar la ley de Dios; el pecado se refiere a las faltas en sí mismas y a las consecuencias presentes. La iniquidad es la consecuencia del pecado de nuestros antepasados, lo que resulta en maldiciones generacionales. Podríamos decir que el pecado es una causa y las iniquidades son el efecto. Las iniquidades provocan una particular debilidad hacia el pecado en ciertas áreas. Cuando una persona comete pecado, abre la puerta para que las iniquidades pasen a los hijos de sus hijos por tres y hasta cuatro generaciones (Éxodo 20:5). La palabra hebrea para iniquidad es *avon*. Viene de la antigua raíz *avah*, que significa torcer, pervertir, problema, actuar con malicia, hacer el mal, doblegarse. La raíz de ella es chata o fallar, pecar.

Hay personas creyentes que son fieles, genuinas, que aman a Dios con todo su corazón y que desearían caminar en santidad, que desean no fallarle al Señor, a su cónyuge y a su familia, sin embargo, se acercan a los pastores y consejeros y dicen: "No pude evitarlo, no se qué me pasa, no puedo contenerlo, es como si algo me empujara." Es como una fuerza invisible que no pueden evitar y que los conduce a ese sitio que eventualmente se llama pecado. Estas líneas, estas fuerzas invisibles se llaman iniquidad (Isaías 59).

Durante este tiempo de ayuno y oración, Dios me llevó a leer el libro de Jeremías, especialmente el Capítulo 31. Me mostró líneas de iniquidad operando, pero me estaba entregando una hermosa promesa de restauración para mis generaciones. *Éste es el pacto que después de aquel tiempo haré con el pueblo de Israel —afirma el Señor—: Pondré mi ley en su mente, y la escribiré en su corazón. Yo seré su Dios, y ellos serán mi pueblo* (verso 33). Nos estaba dando libertad de todas las cadenas que nos ataban. Jeremías no solo fue liberado del cautiverio en el que había estado, sino que pudo tomar decisiones y comenzar de nuevo en su vida (Jeremías 40:4). El pecado se opone a la libertad, pero Jesús pagó el precio por nuestra libertad en la cruz del Calvario y nos estaba restaurando a una nueva relación con el Padre. Al tercer día, una de mis hijas se acercó a mí para decirme que tenía tres noches sin dormir, que tenía pensamientos de cuando era niña, que cuando tenía cinco años me veía llorar en la cocina por los problemas con su papá, y que ella había dicho: "Yo nunca me voy a casar, porque no quiero un hombre como mi papá." Las hijas mujeres muchas veces observan a su papá y se forman un concepto de masculinidad. Mi hija, a sus cortos cinco años, había sido afectada, pero Dios había escuchado mis oraciones, estaba desarraigando las maldiciones desde lo más profundo, no solo en el corazón de mi hija, en cada área de nuestra vida familiar.

> Horas oscuras están por delante, pero la unción de un vencedor las atravesará y le dará la victoria.
> —*Chuck Pierce*

Cuando peleamos las batallas con nuestras armas espirituales, especialmente el ayuno y la oración, Dios siempre nos da información estratégica que nos anima a avanzar hacia Sus propósitos y asegura nuestra herencia. Si nosotras tuviéramos que pelear este tipo de batallas sin el Señor, estaríamos perdidas y no tendríamos ninguna manera de vencer. Cuando la verdad sale a luz, el enemigo pierde su poder, porque la luz en las tinieblas resplandece (Juan 1:4-5). Sin embargo, es necesario que actuemos y escojamos el plan de Dios para conquistar nuestra herencia. Muchas veces, son situaciones que provocan grandes temblores, pero que Dios usa para que experimentemos una gloria mayor. Hageo 2:9 dice: *El esplendor de esta segunda casa será mayor que el de la primera —dice el Señor Todopoderoso—. Y en este lugar concederé la paz"*, afirma el Señor Todopoderoso. Muchos padres y madres no nos damos cuenta de los traumas que nuestros hijos llevan por causa de nuestros problemas.

Entonces, en el diálogo con mi hija, le pedí que le otorgara perdón a su papá. Al principio se negó pues le dolió que tocara una herida que no había sanado en muchos años. Llamé a mi esposo a la habitación y le expliqué lo que estaba ocurriendo; él le pidió perdón y entonces el tierno corazón de mi hija se quebrantó para otorgarle perdón. Los tres lloramos y nos abrazamos, entonces, mi esposo y yo le pedimos que con sus palabras, ella rompiera ese acuerdo con el enemigo; luego oramos por ella y le impusimos una bendición.

Las bendiciones de tener una familia plena y feliz nunca se verán totalmente realizadas hasta que nosotras, como esposas y madres, estemos donde Dios nos llama a estar, y asumamos el poder y la autoridad que Dios nos da para conquistar y asegurar nuestra herencia. Asegurar significa poner algo más allá del riesgo de pérdida, traer algo a un lugar de esperanza o seguridad; ser sujetado, plantado y establecido. Cuando aseguramos algo, lo estamos quitando del lugar donde estaba expuesto al peligro. Nuestra seguridad viene de Dios. En esos días, tuve un sueño con mis hijos. Estábamos disfrutando en un hermoso hotel a orilla de la playa, cuando comenzó a temblar muy fuerte. Yo corrí para sacarlos de ese lugar y comenzamos a caminar. Encontré una torre, era como las fortalezas antiguas, entramos y los llevé al lugar más alto; desde una de las ventanas veíamos el caos que había abajo. Entonces, escuché las palabras de Proverbios 18:10: *El nombre del Señor es una torre poderosa a la que acuden los justos en busca de protección.*

Desde ese lugar de protección comenzamos a identificar los pecados generacionales que estaban obrando en nuestra familia. Fueron los tiempos más hermosos alrededor de nuestra cama, mi esposo, mis tres hijos y yo asegurándonos de arrancar toda raíz de amargura y limpiando nuestro corazón. Confesamos los pecados generacionales y clamamos la sangre de Jesús, que es suficiente para perdonar los pecados y limpiarnos de toda maldad (1 Juan 1:9). Doy gracias a Dios porque ellos nunca pusieron resistencia a mis pedidos de orar y ayunar juntos. Ahora comprenden que fuimos llamados como familia y que nuestra casa tenía que estar en orden.

Quizá te preguntes, ¿cuál es el antídoto para la iniquidad? Nuestro Señor Jesucristo murió en un madero para llevar la maldición que correspondía a nosotros; lo hizo para que pudiéramos ser bendecidos, esa es una gran muestra de Su bondad, de valentía y amor indescriptible, porque en el plan del Padre, Él es el Cordero que fue inmolado por nosotros.

Gálatas 3:13 dice: *Cristo nos rescató de la maldición de la ley haciéndose maldición por causa nuestra, porque la Escritura dice: Maldito todo el que muere colgado de un madero.* No se trata de orar por gente muerta al pedir perdón por los pecados de los padres, se trata de revocar el pecado que viene por generaciones, de reconocer y humillarnos delante de Dios. Hay espíritus que se aferran a generaciones, a familias enteras, tienen derechos legales sobre esas familias. La oración por los pecados de los padres es válida y es escuchada por Dios. En Daniel 9:8 leemos: *Oh Señor, nuestra es la vergüenza del rostro, y de nuestros reyes, de nuestros príncipes y de nuestros padres, porque hemos pecado contra ti.* Muchas veces un hombre o una mujer comete una falta o un pecado durante su juventud, y después se casa, tiene hijos, los hijos crecen y cuando llegan a cierta edad, el padre, por pena, por vergüenza, jamás habla del asunto, nunca lo menciona y justo vuelve a repetirse cuando el hijo está en la misma situación.

La tendencia a mentir constantemente, a la ira y al enojo desmedidos, a los pecados sexuales, al robo, la avaricia, la altivez, el orgullo, la idolatría, por ejemplo, podrían arrastrarse por generaciones. Talvez son pecados que solo tú conoces y que aún te causan vergüenza porque siendo cristiana ya no deberías tener esas inclinaciones. Precisamente esas son las iniquidades manifestándose en tu vida o la de tu cónyuge. Por eso es tan importante reconocerlas, confesarlas y pedirle a Dios que nos libre, ya que sus consecuencias son graves, no solo para ti sino para tus generaciones futuras. No es fácil abrir el corazón y compartir esto, pero estoy segura que a través de este testimonio dejarás de ver a tu esposo como tu enemigo, como quien causó un daño irreversible a tu vida. Ve a la raíz, el pecado en tu esposo es solo una consecuencia de lo que está operando. La iniquidad se mete y es producto de un pecado que no se confesó y se enquistó en el alma, trayendo toda clase de cautiverios. Dios está trayendo restauración y restitución de todo lo que el enemigo nos robó. No importa cuán bajo piensas que cayeron o cuán desilusionada te sientas, por causa del arrepentimiento vendrá la liberación y entonces, conocerás la grandeza de la gracia de Dios y el poder de la cruz para ti y los tuyos. Dios tiene un plan para ti y tus generaciones, Él sigue siendo Dios de milagros y estás a punto de comprobarlo si eres obediente. La solución no es que tu esposo se vaya de la casa o tú huyas, las batallas deben pelearse de frente.

> No puedo cambiar la dirección del viento, pero si puedo ajustar las velas para llegar a mi destino.
> *–James Byron*

David pecó con Betzabé (2 Samuel 11), sin embargo, después de todo, Dios llamó a David "un hombre conforme a su corazón". ¿Cómo pudo suceder esto? El secreto está revelado en el Salmo 32:5: *Pero te confesé mi pecado, y no te oculté mi maldad. Me dije: Voy a confesar mis transgresiones al Señor, y tú perdonaste mi maldad y mi pecado.* Y también lo vemos en el Salmo 51 donde podemos leer la humildad de David al reconocer su pecado y pedir misericordia. Tú podrías decir: "Pero mi esposo no quiere nada con Dios, estoy sola en esto". Quiero recordarte las palabras de 1 Corintios 7:14: *Porque el esposo no creyente ha sido santificado por la unión con su esposa, y la esposa no creyente ha sido santificada por la unión con su esposo creyente. Si así no fuera, sus hijos serían impuros, mientras que, de hecho, son santos.* Tu fe puede traer la salvación a tu esposo y a tu casa. Una esposa que ama a su esposo sabe que es a través de ella que Dios va a transformar, restaurar y honrar a su esposo. No se refiere a salvación, esta santificación es matrimonial y familiar, no personal o espiritual, Pablo no está diciendo que el cónyuge no creyente haya llegado a ser moralmente santo o regenerado o que tenga una relación personal con Jesús a través de su cónyuge cristiano, de ninguna manera, pues si así fuera no sería llamado incrédulo. El ser humano no puede santificar o salvar a otro ser humano, solo Jesús lo hace. Lo que Pablo quiere decir es que, al vivir íntimamente con un cónyuge cristiano que da testimonio cada día de su vida, el incrédulo comienza a experimentar la influencia de la santidad, debido al poder de Cristo. Tu influencia a través de tu testimonio será más fuerte que la de tu cónyuge incrédulo. Una esposa que cree en Cristo trae la gracia divina a su matrimonio y se derrama sobre el cónyuge, lo cual incluso puede llevarlo a la salvación. Calvino dijo: "Porque la piedad de uno hace más por santificar el matrimonio que lo que la impiedad del otro hace por mancillarlo". ¡Mujer, levántate y conquista! este es tiempo de restauración. Dios te tomará de Su mano y te guiará a través del proceso necesario. Te purificará para que puedas encontrar el camino redentor para tu vida y el rumbo de acceso a las promesas para ti y tus generaciones. Así encontrarás el lugar y posición de autoridad que ha sido destinado para ti.

Dios no desea que solamente toleres la opresión; Él desea que la conquistes. No te ha llamado a ser una mujer pasiva, ¡te está llamando a la guerra! Te ha ungido con el poder de Su Espíritu Santo, y Jesús te ha dado Su autoridad sobre toda fuerza del enemigo (Lucas 10:19). Esta autoridad no es solo para estar en guardia en la puerta de tu hogar, ni para hacer maniobras defensivas, el Espíritu Santo desea que pelees tus batallas. O persigues a tus enemigos o ellos te perseguirán a ti. Desarrolla una actitud como la de Cristo en contra de los poderes del enemigo que han venido sobre tu hogar y tu familia. Él vino a deshacer las obras del diablo (1 Juan 3:8). De hecho, es esta actitud agresiva del corazón de una guerrera la que hace que crezcamos en madurez a la imagen de Cristo. No hay terreno neutral aquí. No hay lugar para un espíritu pasivo en el ejército de Dios.

Amada, Dios te ha dado armas espirituales para ayudarte, pero necesitas levantarte y pelear. Necesitas arrepentirte por ser pasiva y pararte con la autoridad de Cristo en este día de batalla. Si no lo haces, puedes perder tu herencia y la bendición de tus generaciones. Puedes convertirte en una mujer derrotada y fracasada, no porque la ayuda de Dios no estuviera disponible, sino porque estuviste consciente de lo que el enemigo trajo a tu familia, pero no hiciste nada. Es tiempo de utilizar la espada del Espíritu para hacer la guerra, entrando en batalla con Su verdad Y Su Palabra, esta es la única manera de asegurar la victoria.

Así ha dicho Dios el Señor: *El día que yo los limpie de todas sus iniquidades, haré también que las ciudades vuelvan a ser habitadas, y que las ruinas sean reconstruidas. La tierra asolada volverá a ser cultivada, en vez de permanecer asolada a la vista de todos los que pasan. Entonces se dirá: "Esta tierra, que alguna vez fue asolada, ha llegado a ser como el huerto de Edén. Estas ciudades, que habían quedado desiertas y asoladas y en ruinas, ahora están fortificadas y habitadas." Entonces las naciones que hayan quedado a su alrededor sabrán que yo reconstruí lo que fue derribado y planté lo que estaba desolado. Yo, el Señor, lo he dicho y lo haré* (Ezequiel 36:33-35).

Pasos prácticos
para ayudarte en la conquista

1. Reconoce que Dios tiene un plan

Una de las cosas que más nos desanima y nos hace caer en la incredulidad, es pensar que Dios no nos escucha o que nos abandonó y no le importa nuestro sufrimiento. Dios es maravilloso y está en control de cada circunstancia que llegue a tu vida. Por muy desesperada que estés en este momento, saldrás victoriosa si tan solo te sometes a Él y a Su dirección. No pierdas la fe y la esperanza mientras dura este proceso, Él te dará de Su gracia y misericordia (Hebreos 4:16). La restauración completa está por venir, y Su gloria será revelada en este proceso. Nunca, nunca, nunca te rindas. Dios es fiel a Sus promesas y si le crees, tu prueba terminará en victoria.

2. Busca revelación a través del ayuno y la oración

Durante los tiempos de ayuno, el poder de nuestras oraciones se multiplica porque la presencia del Espíritu Santo se fortalece en nosotros, por lo cual nuestras oraciones se llenan del poder de Dios. El ayuno no es otro rito religioso que hacemos por cumplir con un mandato de Dios, es mucho más que eso. Es el arma que impulsa nuestra oración, es el ejercicio que nos da el poder contra las asechanzas del enemigo.

3. Déjate guiar por Dios y obedece incluso si te pide que hagas algo inusual

Aprendí de Judy Jacobs que cuando quieres un milagro, tienes que estar dispuesta a hacer cosas locas. Un día, le di siete vueltas al área donde está ubicada mi casa. Pensaba que si Jericó fue conquistada de esa manera, yo también podía hacer que cayeran las fortalezas espirituales en mi hogar (Josué 6:1-5). Llevaba la cuarta vuelta declarando las palabras de Ezequiel 37, cuando un hombre que caminaba al otro lado de la calle se acercó a mí y dijo: "Siento del Señor decirle que la batalla que está peleando, Él ya le dio una gran victoria." ¡Esa es la fe en acción!

4. Aprende a profetizar sobre tu esposo y tus hijos

Las palabras tienen poder. Proverbios 18:21 dice: *La muerte y la vida están en la lengua y el que la ama comerá de sus frutos.*

Declarar en voz alta la Palabra de Dios sobre tu cónyuge y sobre tus hijos puede revolucionar su vida. Por esa razón, yo declaraba las palabras de Ezequiel 37 sobre mi casa, cuando el Pueblo de Israel decía: *"Nuestros huesos se han secado. Ya no tenemos esperanza. ¡Estamos perdidos!"* el Señor le dice a Ezequiel: *Profetiza, hijo de hombre; conjura el aliento de vida y dile: Esto ordena el Señor omnipotente: "Ven de los cuatro vientos, y dales vida a estos huesos muertos para que revivan." Yo profeticé, tal como el Señor me lo había ordenado, y el aliento de vida entró en ellos; entonces los huesos revivieron y se pusieron de pie. ¡Era un ejército numeroso!* (Ezequiel 37:9-10). Escucha lo que Dios dice en Su Palabra, escucha lo que Dios te dice sobre tu problema, sobre tu vida, sobre tu familia, repite la profecía, ¡proclama Su Palabra!

El Señor te dice

Ríndete a Mí y luego enfrenta a tu enemigo. Tengo el poder de restaurar, y Yo iré delante de ti. Yo soy el restaurador de las brechas. Mi dedo puede vencer al enemigo y hacer que los demonios huyan. Recibe Mi favor, señala con tu dedo como si fuera Mi dedo, y dile al enemigo, ¡Huye! Usa lo que ya tienes y avanza Conmigo. Muchas de ustedes dicen: "Tengo miedo de perder lo que tienes para mí, Señor." Yo soy Dios decidido. Yo anhelo que tengas lo mejor. La restauración es un proceso. No te canses durante este proceso. No confíes en ti misma, témeme. La alabanza puede provenir de la ansiedad que está dentro de ti, conmoviéndote. Aún puedes ser agradecida y dar gracias por las formas en que tus situaciones difíciles te posicionan para este gran avance. Si te acercas, la adoración puede explotar dentro de ti, y el espíritu de miedo que te domina será quitado. El miedo y la ansiedad ya no serán capaces de controlarte.

¡Témeme! Adórame de una manera nueva, ¡Levántate! ¡Levántate! Déjame sacarte y avanzar. Déjame sacarte y poner tus pies sobre un lugar alto. ¡Yo puedo mantenerte firme en el proceso!

Oremos

Señor Jesús, me arrepiento hoy de todos los pecados que he cometido o que cometieron mis antepasados, y que dieron lugar a una maldición en mi vida y en mi familia. Me arrepiento de toda desobediencia, y todo pecado en el que he estado involucrada. Te pido que me perdones y me limpies mediante la sangre de Jesús. Hoy rompo las maldiciones sobre mí y sobre mi familia, en el nombre de Jesús. Yo le hablo a nuestra sangre y le ordeno a todo demonio que tiene que salir, le hablo a nuestro ADN y le digo a toda iniquidad que está trabajando en nuestra sangre: "Tú tienes que salir." Señor, en el nombre de Jesús, declaro una vez más sobre mi vida y mis hijos y sobre los hijos de nuestros hijos que en este día las maldiciones se rompen sobre nuestra vida, adicciones se rompen sobre nuestra vida, enfermedades se rompen sobre nuestra vida, debilidades se rompen sobre nuestra vida. Arráncalas de nosotros, remueve esas cosas de nuestro destino, nosotros nos liberamos en el nombre de Jesús, y nos desatamos hacia la plenitud de nuestro destino. Llamamos a avivar los dones que nos has dado, declaro que esa unción se aviva. Me pongo de acuerdo con el destino que hay en el cielo y niego los propósitos del infierno. Declaro que tenemos derechos de pacto, de bendición, bendición, bendición, bendición. En el nombre de Jesús. Amén.

Ungida para la batalla

Como una guerrera valiente en el campo de batalla
pelearé por mi familia.
¿Qué me puede detener?
Si Cristo va a la cabeza el triunfo está asegurado.

Soy frágil, pero no débil.
Me mantendré en guardia con lealtad y obediencia
avanzando en contra de mis enemigos.
La fe será mi escudo.

El valor caerá sobre mí
como un vestido de solemne gracia
pues Cristo defiende mi causa y aliviará mi aflicción.

CAPÍTULO 6

Vencedora
en la conquista

Vivimos en una historia
de amor que comenzó en
medio de la guerra.
El amor es nuestro destino y
el infierno está en su contra.
–*John Eldredge*

¿No sería agradable si la vida cristiana fuera simplemente creer en Jesús y vivir felices para siempre? Sin embargo, cualquier persona que ha buscado seguir al Señor seriamente, se ha dado cuenta de que es lo contrario. Jesús le dijo a Sus discípulos que la vida en este mundo estaría marcada por tribulaciones y oposición. Esta oposición viene a nosotros generalmente de parte del enemigo y una multitud de espíritus malignos, quienes forman un frente común en contra nuestra. Seguro, tratará de arrojarte todo lo que pueda para bloquear tu camino hacia la victoria, pero debes recordar que Dios tiene un plan redentor y promete llevarte hacia su cumplimiento.

Colosenses 2:14-15 dice: *Anulando el acta de los decretos que había contra nosotros, que nos era contraria, quitándola de en medio y clavándola en la cruz, y despojando a los principados y a las potestades, los exhibió públicamente, triunfando sobre ellos en la cruz.* Mi amada amiga, este es el tiempo para que te levantes con la autoridad de Cristo, quien quizá, al momento, ha permanecido oculto porque no lo habías descubierto de verdad. Es tiempo de cambiar el vestido blanco de encajes y bordados por el uniforme de una guerrera. Quita de tus pies los delicados zapatos blancos de satén de seda y cálzate con las botas de un soldado. Dios está interesado en mucho más que hacer de ti una mujer victoriosa. Él quiere darte el botín, los bienes y las riquezas espirituales de tu batalla.

Él está removiendo la pasividad y apatía de ti. Te está levantando. Tu mentalidad debe cambiar; deja la actitud a la defensiva y asume una actitud a la ofensiva. No más sobrevivientes. ¡Es hora de prosperar! Tus sueños son poderosos y los verás cumplirse. La provisión para tus sueños está en la batalla. ¡Levántate, pelea por lo que el Señor te ha dado! Solamente necesitas suficiente fe para pararte en el campo de batalla y pelear. Mateo 11:12 dice: *Desde los días de Juan el Bautista hasta ahora, el reino de los cielos sufre violencia, y los violentos lo arrebatan.*

¡No huyas de la batalla! Dios te está llamando a conquistar y tomar posesión. Te está llamando a sobrepasar los obstáculos. ¡Conquista tus temores! ¡es tiempo de avanzar! Hasta ahora, no sabías cómo conquistar porque estabas exhausta, porque has estado luchando en tus fuerzas durante mucho tiempo, pero ahora irás con las fuerzas de Dios. Él quiere que tú seas Su milagro, te está dando una mentalidad de guerrera victoriosa. Sus promesas son tuyas. ¡Solo cree y arrebata, porque eres más que vencedora!

El diccionario define la palabra vencer como sujetar, derrotar o rendir al enemigo. Nada será imposible para ti si crees en el Dios Todopoderoso, porque Él ya te ve como una mujer victoriosa a pesar de las circunstancias en tu vida (Romanos 8:37). ¿Cuándo nos convertimos en más que vencedoras? ¿Cuándo es que somos victoriosas? El mundo cree que la victoria solo puede ser verdadera cuando tienes aquello que quieres y en el momento que lo quieres. Sin embargo, la Biblia nos enseña que eres vencedora en el momento que lo crees. En 1 Juan 5:4 dice: *Porque todo el que ha nacido de Dios vence al mundo. Esta es la victoria que vence al mundo: nuestra fe.* Si lo notas, el verbo vencer aparece dos veces y conjugado en presente; además, la palabra victoria, aparece una vez en este verso. Lo verdadero y fundamental es que al depositar tu fe en el Hijo de Dios, tu fe te transforma en una vencedora y te da la victoria que nadie puede quitarte.

Dios requiere que nosotras simplemente aprendamos a confiar, a escucharlo y obedecer Sus instrucciones, tenga o no sentido para nuestra mente natural. Debemos ser como niñas pequeñas que confían en su Padre. Entonces, cuando vengan las situaciones imposibles, podremos ser guiadas estratégicamente hacia la victoria, por la voz del Señor. Las guerreras valientes saben que no están limitadas por los medios o las circunstancias naturales. Creen en el poder sobrenatural de Dios para hacer lo imposible. Esa era mi fe, y fui recompensada, ya que esos dardos del enemigo que vinieron para destruir mi matrimonio y ministerio se han revertido en bendición. Ahora es un mover de Dios que me está dando la oportunidad de ayudar a muchas mujeres. Eso mismo quiere Dios hacer en ti, si eres una mujer valiente que sigue firme aunque los vientos sean contrarios.

Muchas veces, en medio de las circunstancias, nuestra fe es probada, ya que nada puede ser aprobado si primero no es probado. Dios unge en nuestra vida todo lo que fue probado. Dios ungió el tiro de honda de David, no la armadura de Saúl. David no podía vencer en la batalla con la armadura de Saúl porque no había sido probada en su vida, ya que él había peleado con el león y el oso usando su honda y piedras en el desierto, por eso, Dios ungió lo que había sido probado. La victoria surge desde nuestras pruebas y luchas. Las pequeñas batallas nos entrenan para vencer las grandes batallas, así como las luchas de David por defender los rebaños de su padre lo prepararon para vencer a Goliat. Aunque las pruebas sean duras, dolorosas, llenas de confusión y pena, debemos reconocer que si buscamos primero Su Reino, nuestros fracasos pueden convertirse en el propósito de nuestra vida y en bendición. Mientras nos levantamos con osadía y valentía, comenzaremos a poseer nuestras promesas. ¡Dios está buscando mujeres guerreras que pelearán con Él! La batalla es del Señor y hay promesas en nuestros hogares y familias que siguen esperando su cumplimiento. Dios quiere que a través de ti se manifiesten esas bendiciones en tus generaciones.

Tres años habían pasado desde la última batalla y creo que la más dura. Mi esposo y yo buscamos dejar atrás el pasado y comenzar a ver las cosas desde la perspectiva de Dios, quien nos había dado una promesa y con toda seguridad la cumpliría. Dicha promesa estaba escrita en Oseas 6:1-3: *¡Vengan, volvámonos al Señor! Él nos ha despedazado, pero nos sanará; nos ha herido, pero nos vendará. Después de dos días nos dará vida; al tercer día nos levantará, y así viviremos en su presencia. Conozcamos al Señor; vayamos tras su conocimiento. Tan cierto como que sale el sol, él habrá de manifestarse; vendrá a nosotros como la lluvia de invierno, como la lluvia de primavera que riega la tierra.* Oseas profetizó el amanecer de un día nuevo para Israel, un día cuando el Señor cedería Sus juicios y los restauraría por completo.

Nuestro Señor es fiel para cumplir lo que nos ha prometido. Estoy consciente que existen tiempos cuando te preguntas: "¿Señor, estás realmente escuchando mis oraciones? ¿Por qué no me contestas?" Pero te motivo a que no desesperes, porque debemos esperar el cumplimiento de las promesas en la paz de Cristo. Muchas veces, cuando todo parece oscuro y pensamos que jamás se cumplirá lo que Dios ha prometido es cuando viene el momento del cumplimiento. No siempre comprendemos las promesas o los procesos de Dios, pero Él es fiel a Su Palabra, esa es la certeza que debe mantener firme nuestra fe. Por lo tanto, debemos abrazar el cumplimiento, aun cuando, a veces, el cambio signifique complicaciones, aunque nuestra fe se vea probada al atravesar un lugar estrecho durante un tiempo, y aunque no sea cómodo para nuestra carne.

Lázaro siempre resucita

Estábamos una mañana orando con mi esposo, cuando sentí fuerte en mi corazón: "Están en su cuarto día, como a Lázaro, los saco de la cueva." Dios estaba hablando y diciendo: "Se ha quebrantado el retraso, toda maldición ha sido destruida y lo nuevo está a punto de venir." Jesús esperó hasta el cuarto día, cuando el muerto ya apestaba, para obrar el milagro y para nosotros que habíamos estado esperando ese tiempo, era el momento para quitarnos el "olor a muerte". El mismo poder de la resurrección que levantó a Cristo de los muertos descansa en nosotros, restaura la esperanza y nos entrega una nueva visión, provocando que nuestros huesos secos se reúnan para volver a la vida (Ezequiel 37).

> Cuando estés peleando por las cosas que Dios te prometió, nunca te des por vencida, no importa el tiempo que tome.

Quizá hoy le preguntes a Dios: "¿Hasta cuando tendré que soportar? ¿Hasta cuando veré los milagros en mi matrimonio?" Y Él te responderá: "¡Cuando comiences a actuar!" La Palabra de Dios establece que habrá una generación que hará obras mayores porque Él subió al Padre. Somos esa generación de mujeres de guerra. Jesús está sentado en lugares celestiales y nosotros estamos llamadas a vivir en el mismo lugar (Efesios 2:5-7) para traer Su Reino a la tierra (Efesios 1:17-23). Jesús solo hizo las obras que vio hacer a Su Padre en el Cielo. Dios quiere que aprendamos a conectarnos con la dimensión de la visión para ver cómo suceden las cosas en el Cielo y manifestarlas en la tierra. Jesús nos dijo que no podía hacer nada por sí mismo, sino lo que veía hacer al Padre. Juan 5:20-22 asegura: *Pues el padre ama al hijo y le muestra todo lo que hace. Sí, y aun cosas más grandes que éstas le mostrará, que los dejará a ustedes asombrados. Porque así como el Padre resucita a los muertos y les da vida, así también el Hijo da vida a quienes a él le place. Además, el Padre no juzga a nadie, sino que todo juicio lo ha delegado en el Hijo.* Pide en el nombre de Jesús. ¡Si Él lo hizo por mí, también lo hará por ti! Él te dará fuerza para actuar, para dar pasos seguros, Él soplará Su aliento de vida sobre lo que está muerto en tu vida y en tu matrimonio.

En los días siguientes, Dios continuó confirmándome lo que había escuchado. Y dijo: "He escuchado su clamor y he visto su dolor, y cómo ustedes han llorado por las noches sobre todo lo que aparentemente está muerto en su vida. Sus esperanzas murieron, pero Yo les digo hoy, Yo soy el Dios de la resurrección y Yo voy a traer vida a todo lo que parece muerto. Mírenme a Mí y confíen en Mí, porque le daré vida a todo lo que Yo les di. Nada se perderá. La cueva que los ha retenido no es una tumba, como se supone, sino una incubadora donde fueron nutridos y maduraron. Lázaro murió y toda esperanza parecía perdida, muchas personas se molestaron conmigo por no actuar, pero lo que ellos no sabían era que Yo tenía el poder para resucitarlo y romper las vendas que lo ataban. Yo haré lo mismo por ustedes, si confían en Mí, si se deshacen de todo olor a muerte. Permitan que se rompa todo lo que los ata al dolor del pasado, como María, entreguen su dolor a Mis pies. Aunque la espera ha parecido una eternidad, aunque todo a su alrededor parece muerto, Yo estoy viniendo a sus tumbas, como el Dios de la resurrección, para llamar a cada uno por su nombre.

Prepárense para encontrarme y avanzar de Mi mano hacia delante, lejos de la tumba en la que estuvieron por tanto tiempo. Recordarán lo que Yo les enseñé allí, pero no volverán jamás. Recuerden que la vida nueva solo en Mí pueden encontrarla. Viene una primavera espiritual sobre Mi pueblo y saldrán libres, con nuevas fuerzas, saltando de alegría como becerros sueltos en medio de los pastos. No morirán sino que vivirán para contar Mis obras." *Del Señor vienen la muerte y la vida; Él nos hace bajar al sepulcro, pero también nos levanta. El Señor da la riqueza y la pobreza; humilla, pero también enaltece. Levanta del polvo al desvalido y saca del basurero al pobre para sentarlos en medio de príncipes y darles un trono esplendoroso* (1 Samuel 2:6-8). En eso creí y creo para mi familia y para la tuya.

Lo que estamos experimentando en nuestro matrimonio y familia es nuevo, ya que encontramos en la restauración un amor renovado y redimido. La palabra redimir significa conseguir la libertad de una persona o sacarla de la esclavitud mediante el pago de un precio. Yo estuve dispuesta a pagar el precio, las batallas sirvieron para transformarme en la imagen de Cristo. Él dijo: *Hoy pongo al cielo y a la tierra por testigos contra ti, de que te he dado a elegir entre la vida y la muerte, entre la bendición y la maldición. Elige, pues, la vida, para que vivan tú y tus descendientes* (Deuteronomio 30:19). ¡Yo escogí la bendición para mi descendencia! Muchas veces hemos visto personas que nunca tienen victoria, porque sabiendo la diferencia entre bendición o maldición han preferido coquetear o jugar con la maldición, pensando que tienen el control de su vida, pero no es así, ya que son como veletas al viento. Si andas en bendición, Dios controla, si andas en maldición el enemigo controla. El salmista decía: *Amó la maldición, y ésta le sobrevino; y no quiso la bendición, y ella se alejó de él* (Salmos 109:17). Muchas veces, el enemigo aumentaba la presión a través de las circunstancias o dificultades, pero yo seguía firme declarando que mi esposo sería un varón que no anda en consejo de malos ni en camino de pecadores, sino uno que se deleita en la ley del Señor (Salmo 1). Dios tiene el poder para redimir lo que perdimos, pero me necesitaba como Su arma de guerra. Cuando puso sus ojos en mí, sabía que podía confiar en mi capacidad de vencer y sigue buscando a aquellas que sean dignas de confianza, valientes en la batalla y dispuestas a conquistar con la fuerza del Señor.

Somos una generación de mujeres que conquistan. Dios nos ha dado la victoria. La conquista más grande eres tú misma. Dios te llevó a un lugar de muerte porque hay resistencia, a veces producida por el orgullo, el egoísmo, la falta de perdón y otros pecados que impiden la victoria en tu matrimonio. Despójate de cualquier peso que te estorbe y levántate a conquistar lo que Dios ya les ha dado. La muerte traerá nueva vida si tú luchas porque así sea, al morir a la naturaleza de pecado y a los viejos patrones que operan sistemas y creencias obsoletas. Dios está soltando algo nuevo y no existen límites a lo que podemos alcanzar a través de Su fuerza, amor y poder. ¡Muévete hacia tu lugar de victoria! Desata el aliento de vida en tu casa, en tu esposo, en tu familia. Has atravesado días de luto, tristeza y dolor y talvez como Marta y María, piensas que Dios se olvidó de ti y has pensado que todo está perdido.

Jesús le dijo a Marta: *¿No te he dicho que si crees verás la gloria de Dios?* (Juan 11:4-25) Prepárate porque llegará para ti un nuevo día, no pierdas la esperanza porque tus ojos verán a tu Lázaro levantarse y el llanto se convertirá en alegría.

Camina por la senda de la victoria

Efesios 1:3 dice: *Bendito sea el Dios y Padre de nuestro Señor Jesucristo, que nos bendijo con toda bendición espiritual en los lugares celestiales en Cristo.* Esto quiere decir: "Todos los que siguen a Jesús están bendecidos con bendiciones espirituales en lugares celestiales, donde Cristo está." ¡Esta es una hermosa promesa!, sin embargo, serán solo palabras vacías si no comprendemos cuáles son estas bendiciones espirituales, todas las provisiones del Evangelio expresadas por las palabras salvación, perdón, redención, reconciliación, justificación.

Tú podrías decir: "Pero yo no siento como si estuviera en un lugar celestial. Estoy sufriendo." Si te has sentido sola y abandonada es porque el enemigo te ha mentido y ha tratado de debilitarte y aislarte, pero Dios nunca te ha abandonado. Si estás en Cristo, a los ojos del Padre, estás sentada cerca de Él, a Su mano derecha. Es más, cuando un esposo falla, Él inmediatamente toma ese lugar y te dice: *Ya no te llamarán abandonada, ni a tu tierra la llamarán desolada, sino que serás llamada Mi deleite; tu tierra se llamará Mi esposa, porque el Señor se deleitará en ti, y tu tierra tendrá esposo*

(Isaías 62). Así que tómate el tiempo y haz el esfuerzo para establecer esa conexión divina que hará de ti una mujer sabia, prudente, llena de compasión y de frutos del Espíritu. Permítete avanzar centímetro a centímetro, paso a paso, sin temores ni preocupaciones, porque el Señor está contigo, confíale tu futuro, confíale a tu esposo y a tus hijos porque solo en Él encontrarás ese lugar de seguridad. Ya no digas que estás sola, ya no pienses que Dios te ha abandonado, mejor búscalo de corazón y ¡permítele actuar hoy en tu vida!

> La fe loca y radical no parece racional en la esfera natural. Sin embargo, este tipo de fe mueve a Dios, y Él la honra.
> –*Judy Jacobs*

La restauración es un proceso y en estos tiempos de transición, no estamos completamente libres de lo viejo, ni estamos del todo metidas en lo nuevo. Esta es una de las razones por la cual tenemos luchas, dudas o temores. Esta etapa de transición es la que nosotras quisiéramos evitar, pues queremos ver cambios instantáneos en el cónyuge, en la relación, sin embargo, el proceso es como el de una semilla que crece. Marcos 4:27-29 asegura: *Sin que éste sepa cómo, y ya sea que duerma o esté despierto, día y noche brota y crece la semilla. La tierra da fruto por sí sola; primero el tallo, luego la espiga, y después el grano lleno en la espiga. Tan pronto como el grano está maduro, se le mete la hoz, pues ha llegado el tiempo de la cosecha.* Dios probará tu perseverancia, porque perseverar comprueba nuestra fe (Santiago 1:2-4). La raíz de la palabra perseverar es "severo". En el camino a tu victoria, las pruebas pueden tornarse severas, pero las recompensas que te esperan son maravillosas. Si pasas tiempo con el Señor en oración, recordando las promesas que te ha hecho, Él será fiel y te renovará con Su amor.

En esos momentos cuando yo anhelaba que las bendiciones me persiguieran, Dios me enseñó que no hay lugar para la desobediencia en el camino de la conquista. Me llevó a Deuteronomio 30:2-3 que dice: *Y cuando tú y tus hijos se vuelvan al Señor tu Dios y le obedezcan con todo el corazón y con toda el alma, tal como hoy te lo ordeno, entonces el Señor tu Dios restaurará tu buena fortuna y se compadecerá de ti.* Yo anhelaba complacerlo en todo, había llegado al punto de decirle, como Jesús: *Pero no sea lo que yo quiero, sino lo que quieres tú* (Marcos 14:36). Una de las cosas que demandó de mí fue someterme a mi esposo aunque no estuviera de acuerdo con su opinión, por respeto a su posición.

Fue así como anhelando escuchar más a Dios, busqué en internet más sobre la sujeción. Quería entender por qué Él demandaba tanto de mí y menos de mi esposo. Escribí en el buscador y encontré un artículo de los pastores Rodolfo y Debbie Mendoza que llamó mucho mi atención, se llamaba "El poder del amor y la sujeción". Creo que todo lo que necesitaba para cobrar valor estaba resumido allí; hablaba de los beneficios que yo obtendría si era obediente a la Palabra de Dios. Para mí fue como tener un seguro de vida de parte de Dios. El artículo decía: "La gran mayoría de personas no aprende cómo llevar un matrimonio. Acude a sus conocimientos y reglas de conducta heredadas de su hogar, creyendo que eso los guiará, y se sorprenden cuando no funciona. Me asusté cuando leí que la pareja promedio pasa ciento cincuenta horas planificando la ceremonia de boda y solamente dos horas aprendiendo del matrimonio. Planifican las invitaciones y los adornos, pero no planifican su hogar. Aprenden cómo manejar un auto y estudian una profesión, pero pocos estudian para la vida, para ser felices con quien aman. Pero el matrimonio, aunque nace por el amor, se sostiene con sabiduría. Al leer Efesios 5:21-31, es como si el Señor nos dijera: *Cuando te cases, no sigas el patrón de conducta que viste en tus padres. Sigue Mi ejemplo. Imítame a mí.*"

El poder de la sujeción

Cada vez que hablamos de sujeción, las mujeres piensan: "Ahí viene una pedrada para mí", mientras los hombres empiezan a sonreír, como quien dice: "Pastor, ya me hizo el día". Pero no debería ser así. Primero, la sujeción no es solo para las mujeres, ya que empieza por el hombre, quien debe sujetarse a Cristo, su cabeza. Segundo, no es mala, es buena. Dios no hubiera mandado algo que nos hiciera daño. Muchas mujeres huyen de la sujeción porque no han entendido su poder. Creen que Dios les ordenó menospreciarse, pero tienen esa idea porque no han entendido que al sujetarse obtienen el respaldo de Dios. Antes que nada, debes comprender que lo que el Señor le pidió al marido es más difícil. La orden para el hombre es morir, no sujetarse. Estoy seguro que a cualquiera que le apunten un arma a la cabeza y le digan: "O te sujetas o te mato", se sujetaría. Es porque morir es más difícil, y eso fue lo que Dios le pidió al esposo.

Te enseñaré tres beneficios para ti, si eres sujeta. El primero lo encontrarás si lees cuidadosamente 1 Pedro 3:1-2. Lo he llamado "El poder de la transformación". Dios transforma con Su Palabra a los hombres a quienes se les sujeta una mujer casta y respetuosa, aun cuando este marido no crea en la Biblia. En otras palabras, las mujeres respetuosas son una ventana de bendición para su esposo y para su hogar.

Piensa en esto por un momento. Por lo general, la mujer, cuando está enojada, quiere discutir con su marido y llega a hacerlo con vehemencia si no la escuchan. Ella quiere hacer valer su punto y que su marido reaccione, pero está en un error. Dios no transforma a su esposo por sus alegatos, lo hace por su sujeción. Cada vez que una mujer contiende verbalmente con su marido, está cerrando más su corazón y también la ventana de bendición de Dios, quien la deja a su propio destino al ver que no respeta a su cabeza. En cambio, cuando no discute sino que mantiene una conducta respetuosa y ejerce dominio propio, el poder de Dios y Su autoridad operan a su favor. Él mismo llama a su marido y se encarga de reprenderlo fuertemente. ¿Por qué? Porque Él es la cabeza de su esposo y opera en autoridad cuando ve que la mujer respeta esa autoridad.

Al segundo beneficio lo llamo "El poder de la asociación", y lo encuentras en 1 Pedro 3:7 cuando explica que Dios escucha únicamente al esposo que honra a su mujer. Cuando eres sujeta a tu marido, Dios está tan agradado que hasta podría estorbar las oraciones de tu esposo si no te honra como vaso más frágil porque Dios no atiende al hombre que trata mal a su mujer, sino que le resiste. De esa manera, el Señor protege el corazón sensible de las mujeres.

El Señor le dio autoridad al hombre en el hogar y también le dio responsabilidad, porque no escuchará a aquel que abusa de ese poder. Dios resiste al esposo para quebrantar su corazón y para que se de cuenta que no hace bien. El Señor me dio a entender que solo aquellos hombres que honren a su mujer y respeten la ternura y sensibilidad de ella podrán tener comunión con el Espíritu Santo, porque el Espíritu es más sensible que las mujeres. Pero cuando son duros y ásperos con su esposa, el Señor se aparta de ellos en sus oraciones, buscando que se humillen y arrepientan por esa dureza. Por eso, Dios no recibe las ofrendas de los esposos desleales o duros con sus esposas (Malaquías 2:13-14). Al tercer beneficio lo llamo "El poder del consuelo". Lo encontramos en Isaías 54:4-6. Dios le dice a la mujer abandonada: "Yo seré tu marido". Él ocupa el lugar del esposo que rechaza a su esposa, pero nunca ocupa el lugar de la esposa ante el hombre. Es como que Dios le dijera a la mujer: "Si por sujetarte a tu marido, él te hace algún daño, Yo mismo me encargaré de amarte y sustentarte. Yo, tu Dios, te consolaré, y no te dejaré avergonzada ni afligida". Esta es una promesa que nunca hace al hombre, es exclusiva para la mujer que se sujeta a su esposo. Dios te ha puesto a ti, mujer, en un lugar de privilegio para ser honrada por tu marido. Sujétate sin temor, con toda libertad, pues la sujeción es una bendición.

> Las cosas rotas pueden llegar a ser cosas benditas si dejas que Cristo haga la reparación.

La Biblia dice que una buena mujer es corona de su marido, pero que una mala mujer es una gotera sobre su cabeza. En Proverbios dice que la mujer es el bien de Dios, pero Eclesiastés dice que la mala mujer es más amarga que la muerte. Mujer, tú escoges qué serás para tu esposo: la mayor bendición que ha recibido de Dios o el mayor dolor de cabeza que podría sufrir. Escoge el bien, y el Señor te ayudará a relacionarte con tu esposo.

Recuerda que eres un soldado en el ejército de Dios, que estás en medio de una batalla y si quieres tener autoridad contra el enemigo, necesitas vivir bajo autoridad. Tu esposo ha sido nombrado por Dios como el "oficial superior" en la cadena de mando. Tu posición es estar debajo de él, es allí donde Dios te ha puesto por tu propia seguridad emocional y física. Un soldado no pregunta ni por qué ni para qué, solo obedece y confía en su superior. La faceta de soldado es tan importante porque para llegar a ser un General del ejército, hay que ser primero un soldado y cumplir lo que se nos mande. Las órdenes no se discuten, simplemente se cumplen. Si como soldados del ejército de Dios queremos tener una vida indestructible y siempre victoriosa, debemos caminar en obediencia a las órdenes de nuestro Comandante en Jefe, Jesucristo.

La vida cambia cuando somos soldados, pero por amor a Él vamos a prepararnos para ser de los buenos, los más obedientes y eficientes. La Biblia dice en Efesios 5:22-24: *Esposas, sométanse a sus propios esposos como al Señor. Porque el esposo es cabeza de su esposa, así como Cristo es cabeza y salvador de la iglesia, la cual es su cuerpo. Así como la iglesia se somete a Cristo, también las esposas deben someterse a sus esposos en todo.* No te sorprendas de lo que Dios ordena y no temas sujetarte a tu esposo, porque hacerlo traerá grandes beneficios a tu vida y rendirá victoria en tu matrimonio. Dios no está estableciendo que tu cónyuge sea superior a ti, es solo un orden que Él estableció en el matrimonio para que siempre estés protegida. La fuerza más grande de una mujer radica en obedecer a Dios, obedeciendo y honrando a su esposo. Cuando abandonamos el orden establecido por Dios, nos exponemos a una vida de derrota y fracaso.

Alcanza lo increíble y conquista lo imposible

¡Dios quiere que recibas la unción de valentía que tiene para ti! Él se revela en la Biblia como Dios de paz, pero también como Dios guerrero. Sofonías 3:17 dice: *porque el Señor tu Dios está en medio de ti como guerrero victorioso. Se deleitará en ti con gozo, te renovará con su amor, se alegrará por ti con cantos.* Dios es soberano, es Dios de propósitos y todas las luchas que has enfrentado hasta ahora han sido un entrenamiento para enseñarte lecciones que jamás hubieras aprendido de otra manera. Él es Dios de victoria y quiere que tú seas una vencedora. Lo opuesto a la valentía es la cobardía que se origina cuando no eres obediente a Dios y a Su Palabra, lo que siempre trae consecuencias graves. Es por eso que el Señor quiere equiparte para que estés alerta y en guardia para batallar contra el enemigo que viene a robar, matar y destruir (Juan 10:10).

Muchas mujeres piensan que este estilo de vida es solo para algunas o imposible de alcanzar. Animé a una mujer a pelear por su matrimonio a través de la guerra espiritual y su respuesta fue que eso no era para ella y que además le daba mucho temor tocar ese tema. Podemos negar esta guerra, podemos cerrar los ojos y no tener conciencia de lo que ocurre, podemos huir de la línea de combate e irnos lo más lejos posible a la retaguardia, incluso podemos minimizarla, pero todo eso no impide que estemos en ella, siempre en la mira del enemigo que esperará el momento oportuno para atacar. El hecho de decir y decirnos a nosotras mismas: "No pienso en eso, no existe", tiene un notable riesgo: no estar en guardia. Al no estar en guardia permanente, resultará imposible defendernos ante un ataque. ¿Cuántas veces Jesús nos indicó: "Velad", porque sabía que nuestra peligrosa pasividad le permite al enemigo un libre actuar, cuyo resultado es que nos roba a nuestro esposo, nuestros hijos y nuestras bendiciones? Zacarías 4:6-7 dice: *No será por la fuerza ni por ningún poder, sino por mi Espíritu —dice el Señor Todopoderoso—. ¿Quién te crees tú, gigantesca montaña? ¡Ante Zorobabel sólo eres una llanura! Y él sacará la piedra principal entre gritos de alabanza a su belleza.* Es el Espíritu Santo el que te transforma de víctima cobarde a guerrera poderosa. ¡El Espíritu de poder es el que te da autoridad sobrenatural para realizar lo imposible para la gloria de Dios!

La Biblia dice en Juan 8:32 que conocer la verdad nos hará libres. Y en 2 Corintios 2:11 dice que no ignoremos sus maquinaciones para que no gane ventaja alguna. ¿Qué significa todo esto? Que conocer al menos determinados aspectos de esta guerra es obligación de todos los cristianos, y no como muchos suponen, que es solo para quienes tienen un ministerio de liberación. *Jesús dijo: —Yo veía a Satanás caer del cielo como un rayo —respondió él—. Sí, les he dado autoridad a ustedes para pisotear serpientes y escorpiones y vencer todo el poder del enemigo; nada les podrá hacer daño* (Lucas 10:18-19). La palabra autoridad es la palabra griega *exousia* que significa poder legítimo, real, y pleno para actuar, o para poseer, controlar, usar o disponer de algo o de alguien. Generalmente, cuando Jesús obraba un milagro, reprendía a Sus discípulos por su falta de fe y les hacía ver que ellos también tenían autoridad para hacer milagros en Su nombre (Marcos 9:14-29). Nuestros derechos heredados al nacer de nuevo en Cristo nos han posicionado en aquellos lugares celestiales por encima del poder y autoridad del enemigo, así que estamos en guerra y tenemos las armas para ser vencedoras (Efesios 1:17-23).

> Cuando creas que eres más que vencedora, bajo tus pies estarán los escombros del temor y la imposibilidad.

Dios creó el matrimonio como una de las principales herramientas para cumplir el destino que había diseñado para tu vida y el avance de Su Reino. Así que Satanás fue la causa del primer conflicto matrimonial cuando provocó que Adán y Eva se rebelaran contra Dios (Génesis 3:1-6). Esto trajo división, culpa, vergüenza y dolor a su matrimonio, por lo que podemos deducir que los conflictos matrimoniales son en realidad un problema espiritual, una batalla entre el amor y el odio. Sin embargo, cada batalla que ganamos nos acerca a la victoria final.

La sensación que muchas mujeres tienen es que están luchando solas. La estrategia del enemigo es intimidarte y hacer alarde de un poder que no tiene para que no pelees. Pero no puedes negar que estás en una batalla de fe contra enemigos invisibles. Efesios 6:12 dice: *Porque no luchamos contra gente como nosotros, sino contra espíritus malvados que actúan en el cielo. Ellos imponen su autoridad y su poder en el mundo actual.* Sin embargo, el Dios invisible y los ángeles invisibles, están de nuestro lado. Esto está ejemplificado en la vida de Josué, ya que fue enviado por Dios a conquistar, pero no fue solo. Josué 5:13-14 dice: *Cierto día Josué, que acampaba cerca de Jericó, levantó la vista y vio a un hombre de pie frente a él, espada en mano. Josué se le acercó y le preguntó: —¿Es usted de los nuestros, o del enemigo? —¡De ninguno! —respondió—. Me presento ante ti como comandante del ejército del Señor.* Josué estaba preparándose para una gran batalla, la conquista de Jericó y sus ojos fueron abiertos a lo sobrenatural de Dios para tener el conocimiento pleno de que la batalla era del Señor. El siempre está en medio de nuestras batallas, aunque no lo veamos. ¡Ese Jericó es tu matrimonio, es tu familia, tu herencia! Estas peleando la buena batalla de la fe, el enemigo es real, pero la batalla con frecuencia es para creer que la Palabra de Dios es verdadera para enfrentar las circunstancias contrarias. La Biblia es la autoridad final y es nuestra espada. Cuando meditamos en la Palabra sobre nuestra autoridad, el Espíritu Santo escribe Sus leyes en las tablas de nuestros corazones. Mientras perseveramos como buenos soldados, aferrémonos a la Palabra hasta ver Su manifestación en la realidad natural.

Las palabras que Jesús recibió de Su Padre sostienen todas las cosas. Hebreos 1:3 dice: *El Hijo es el resplandor de la gloria de Dios, la fiel imagen de lo que él es, y el que sostiene todas las cosas con su palabra poderosa.*

¡Fuerte y valiente, mi soldado!

Cuando me siento debilitada, estas palabras vuelven a resonar fuerte en mi mente. Dios nunca me ha dejado caer, es Su mano poderosa la que me sostuvo ayer y me sostendrá mañana. Puedo recordar una mañana cuando soñé que el enemigo venía nuevamente a mi casa, estaba de pie en el patio posterior y frente a él una de mis hijas. Yo me ponía como un escudo frente a ella y lo reprendía. Me desperté y me puse a llorar, le dije a Dios: "Ya no quiero más batallas, estoy cansada." Me tapé con la sábana, no quería ni levantarme de la cama, entonces Él dijo: "Martillo eres y arma de guerra en mis manos." Supe que no podía rendirme y que tenía que poner mi rostro como pedernal (Ezequiel 3:8-9).

Algunas veces, la oposición es muy fuerte, pero tener frente de pedernal es ser valiente, firme, dispuesta para alcanzar cierta cosa a pesar de toda la burla y odio que el enemigo te lance. Dios equipó al profeta Ezequiel para estar firme, le dio a comer un rollo dulce como la miel que es Su Palabra y le dijo: "Proclámales Mis Palabras". Fue el portavoz de Dios ante un pueblo obstinado y desobediente, y sin duda una de las personas que más contribuyeron a mantener vivo entre los judíos del destierro el anhelo del retorno. Este podría ser tu caso, un esposo terco y obstinado como el pueblo de Israel. Las palabras de Dios a Ezequiel son las mismas que hoy te da. Ezequiel 3:9 asegura: *¡Te haré inquebrantable como el diamante, inconmovible como la roca! No les tengas miedo ni te asustes, por más que sean un pueblo rebelde.*

Este es un tiempo para cambiar lo que crees y para hablar la Palabra de Dios sobre tu vida, tu matrimonio y tu familia. Nuestras voces, como mujeres de guerra, son el sonido de la voz de Dios en la tierra. Es así que somos transformadas en una expresión de la voz profética del Señor. El Salmo 68:11-12 dice: *El Señor ha emitido la palabra, y millares de mensajeras la proclaman: «Van huyendo los reyes y sus tropas; en las casas, las mujeres se reparten el botín: alas de paloma cubiertas de plata, con plumas de oro resplandeciente. Tú te quedaste a dormir entre los rebaños.»* Así como la voz de Dios tiene poder creativo, nosotras también tenemos el mismo poder en nuestra voz porque somos hijas del Reino.

Dios prometió que este es el tiempo de Su favor. 2 Corintios 6:2 lo asegura: *En el momento propicio te escuché, y en el día de salvación te ayudé.* Este el momento propicio de Dios; ¡Hoy es el día de salvación! Ya es tiempo, toma conciencia de que eres parte de un ejército y que tienes una batalla frente a ti, pelea porque el premio por la victoria será ver a tu familia restaurada; dondequiera que vean a tus hijos reconocerán que son descendencia bendecida del Señor. No te rindas, decreta que la transformación de tu cónyuge y tu familia comienza ahora. ¡Dios está tomando lo que el enemigo asumió como desorden y lo está transformando en un orden liberador!

Este es un mensaje de tenacidad para las mujeres que están siendo llamadas por Dios como Su brazo derecho para demostrar que el Reino de Dios no es para las de corazón débil sino para aquellas que abrazan la copa del sufrimiento para luego obtener los tesoros de las bendiciones. Dios está tomando de la mano a las mujeres que saben darse a respetar, pero que no abandonan el campo de batalla. Dios quiere que avancemos en Él y que seamos Sus armas de guerra para defender a las personas que más amamos, y ellos sean transformados en un tesoro eterno, para reinar por siempre con el Señor en las alturas. *En cuanto a mí —dice el Señor —, éste es mi pacto con ellos: Mi Espíritu que está sobre ti, y mis palabras que he puesto en tus labios, no se apartarán más de ti, ni de tus hijos ni de sus descendientes, desde ahora y para siempre —dice el Señor.* Jeremías 59:21 Dios ha hecho un pacto contigo, no se apartará de ti, te cubrirá, te sustentará y te protegerá porque sabe que cuenta contigo para vencer al enemigo que desea destruir todo lo que Él desea darte.

Y así como me ocupé de ellos para arrancar y destruir, y arruinar, derribar y afligir, también me ocuparé de ellos para construir y plantar.—Palabra del Señor. Jeremías 31:28 Nuestro Padre es bueno porque incluso en medio de la corrección nos promete misericordia, en medio de las batallas nos ofrece victoria, en medio de la destrucción nos ofrece reconstrucción, en medio de la muerte nos ofrece vida en abundancia, Él es Dios de victoria, a Su lado nada está perdido, al contrario, siempre lo mejor está por comenzar.

Pasos prácticos
para ayudarte
a obtener la victoria

Josué significa "Dios es salvación" y sabemos que fue escogido como el sucesor de Moisés para conquistar la Tierra Prometida. El libro de Josué en la Biblia está lleno de lecciones prácticas, de conceptos que son un desafío y que nos ayudan a entender los principios de una batalla exitosa. Peleemos la buena batalla de la fe para que los desafíos que estamos enfrentando se transformen en testimonios de victoria. Se nos ordena tener confianza, valentía, ser fuertes y tener mucho valor. ¿Por qué? El Espíritu Santo que vive dentro de nosotras es mucho, mucho más grande que los espíritus del mal que trabajan en contra de nuestro matrimonio y nuestra familia.

1. Acepta que tienes una responsabilidad

La tierra les había sido dada, pero ellos debían tomar posesión de ella. Josué 1:2 dice: *Mi siervo Moisés ha muerto; ahora pues, levántate, cruza este Jordán, tú y todo este pueblo, a la tierra que yo les doy a los hijos de Israel.* Dios siempre hará lo que solo Él puede hacer, pero nosotros debemos hacer lo que Él espera que hagamos, porque te equipó como ayuda idónea de tu esposo, esa es tu naturaleza. La intención de Dios es que rodees y protejas tu hogar. No es ninguna casualidad que el enemigo atacara primero a Eva; él sabía que tenía poder y autoridad delegada por Dios y su intención siempre fue silenciarla. Definitivamente, necesitamos aprender a caminar y a batallar como verdaderas hijas del Reino.

2. Permanece firme y enfocada

La victoria es segura, pero mientras más se acerca, es cuando más se intensifica la batalla. Dios le dijo a Josué: *Todo lugar que pise la planta de vuestro pie os he dado, tal como dije a Moisés* (Josué 1:3). La palabra pisar viene de la palabra hebrea *darak* que no solo significa caminar, sino que representa la marcha de un guerrero. En términos bélicos, significa algo similar a cuando el capitán le dice al ejército: "¡Atención soldados, preparados y listos para pelear!" Todo soldado sabe que debe dar en el blanco perfecto, porque si está distraído puede morir en el campo de batalla.

Hay una diferencia entre ver y estar enfocada. La persona que se enfoca es aquella que sin importar lo que esté pasando a su alrededor, nada la distrae del propósito que Dios tiene para su vida.

3. No te canses en la batalla

Muchas pueden rendirse porque no ven cambios o ven la victoria muy lejana. Dios sabía que esto podría pasarle a Josué, por eso, le aconsejó: *Solamente sé fuerte y muy valiente; cuídate de cumplir toda la ley que Moisés mi siervo te mandó; no te desvíes de ella ni a la derecha ni a la izquierda, para que tengas éxito dondequiera que vayas* (Josué 1:7). No permitas que lo escabroso del camino te haga desfallecer, pues es la mejor prueba de que vas en el camino correcto a tu bendición. Llegarás a lugares en donde tendrás que escalar con tus manos y rodillas, pero no temas arrastrarte, pues mientras más escarpado sea el camino, significa que más pronto estarás en la cima.

El Señor te dice

Permanece en Mi victoria, que Mi amor prevalezca. Que nada impida Mi presencia, Yo estoy en ti y tu estás en Mí. ¡Juntos podemos hacer grandes cosas! Mi amor te cubre y tus tiempos están en Mis manos. Yo he hecho un profundo trabajo en ti, haciéndote más fuerte y resistente a través de los desafíos que has enfrentado. Mi amor te elevará por encima de toda circunstancia. Estás vestida con el manto de Mi justicia. Aunque parezca que vas a caer antes de ver el cumplimiento de las promesas de Mi Palabra, de tu meta o tus intenciones, habrá una ayuda sobrenatural que te llevará hasta tu destino. No temas cuando parezca que no lo lograrás. Yo estoy contigo para hacer cumplir Mi Palabra y tu trabajo no habrá sido en vano porque Yo te daré la victoria. ¿Olvidaste que Mi nombre es Jehová de los Ejércitos? Entregué Mi Palabra y es de liberación. ¡Prevalecerás! Cada estrategia de las tinieblas quedará expuesta y cada enemigo de las tinieblas caerá ante la espada del Señor de los Ejércitos. Mi Reino es seguro. Mi voluntad está determinada. Mi nombre es tu garantía.

Oremos

Gracias por la victoria completa que ya tenemos en Ti, Jesús. Hoy me paro firme en Tu victoria porque Tú llevaste mi vergüenza, mi derrota, mi dolor, mi enfermedad, mis deudas a la cruz. Yo te pido que mi hogar sea lleno de Tu presencia divina, para que todo el que entre sea lleno con bendiciones espirituales de los lugares celestiales. Te agradezco que Tú seas mi confianza y preserves mi pie de quedar preso. No temeré a malas noticias, porque mi corazón está firme, confiada en que Tú, Señor, eres mi escudo y fortaleza. Bendíceme y bríndame salud. Yo afirmo el poder de Tu Palabra cuando declara que uno perseguirá a mil, y dos harán huir a diez mil porque Tú, Señor, pelearás por el justo como has prometido. Yo reclamo la victoria sobre cualquier ataque del enemigo, porque yo estoy libre de culpa y soy recta, temerosa de Dios y apartada del mal. Hoy declaro que Tus sueños para mi vida sucederán. Estos no serán detenidos por las personas, decepciones o adversidades. Tú tienes soluciones para cada problema que yo enfrente. Las personas correctas y los momentos oportunos están en mi futuro y yo cumpliré mi destino en el nombre de Jesús. Amén.

¡Levántate, guerrera!

Levántate, guerrera y toma tus armas
apresúrate a la batalla
Dios ha puesto gracia en cada uno de tus pasos.
Tu destino es hoy,
ha llegado la hora para dar luz y vida a tu visión
tan solo dile sí al Dios viviente
rompe el cilicio y vístete de fuerza y honor
cumple ahora con tu sagrada misión.

Una palabra
para ti, soltera

Mujer, si usted ama como una princesa,
¡asegúrese de no unirse a un sapo!
No todos los sapos se convierten en
príncipes con un beso.
–*T.D. Jakes*

Al escribir este libro, pensaba en cuánto me hubiera gustado que alguien me instruyera respecto a mi valor, a mis derechos de elegir y que me preparara para la vida. Si tan solo hubiera sabido lo que sé ahora, mi historia sería diferente y habría evitado muchas heridas y dolor a mi familia. Nunca le pregunté a Dios sobre la persona que Él tenía para mí, por lo que muchos de mis errores y fracasos vinieron por vivir en independencia de Él. Así que mi deseo es enseñar a la siguiente generación para evitarles el dolor. Aunque Dios es especialista en arreglar desórdenes, no quisiera que caminaran por la misma ruta que yo atravesé.

Ustedes deben saber que son valiosas para Dios, son hijas del Rey, no son hojalata, ¡valen oro puro! Por tanto, no pueden conformarse con menos de lo que Él tiene para ustedes. Dios les da el derecho de elegir al hombre con el cual desean pasar el resto de su vida. No escojan por apariencia, no escojan por dinero o por el simple hecho de tener alguien a su lado. Si se van a casar, elijan al hombre que Dios aprueba. No tomen decisiones apresuradas sin consultarlas con nuestro Padre.

¿A cuántas jóvenes las ha defraudado el corazón haciéndoles creer que una decisión realmente equivocada es de Dios? ¿Cuántas veces el corazón las ha engañado al enamorarse de muchachos que no eran la elección que Dios tenía para ellas? Jeremías 17:9 dice: *Engañoso es el corazón más que todas las cosas, ¿quien lo comprenderá?* Tu vida sentimental funcionará cuando Dios la apruebe. El matrimonio conlleva una responsabilidad muy grande, porque es una decisión que afectará tu destino, el de tus hijos y nietos. ¡Dios te da el derecho de escoger qué tipo de batallas quieres pelear! No es que el matrimonio sea malo, pero solo funciona cuando ambos, varón y mujer, tienen la misma fe, y cuando el varón que escojas te complementa en espíritu, alma y cuerpo.

Solo así se podrá formar un matrimonio en un cordón de tres dobleces que no se rompe fácilmente (Eclesiastés 4:11-12). Alguien muy sabio dijo: "No te cases con la persona con la que piensas que puedes vivir. Cásate con la persona con la cual no podrías dejar de vivir."

Charo Washer dice: "La soltería no es una pérdida de tiempo o estar sentada al margen de la vida esperando que algo suceda, es un tiempo que Dios ha apartado especialmente para la mujer, para hacerla como Él quiere que ella sea, y para usarla de maneras que resultan imposibles después del matrimonio. La soltería es un tiempo para que cultives las virtudes que pertenecen a una mujer de Dios, de modo que puedas ofrecer a tu futuro esposo y al mundo algo más que una linda cara". Si te vas a casar, que sea por la abundancia de lo que tienes para ofrecer, no por los vacíos que buscas llenar.

El divorcio es el resultado de la falta de preparación para el matrimonio. La decisión de casarte influirá en tu vida más que cualquier otra decisión. Si crees que el matrimonio te dará un sentido permanente de satisfacción, no es así, ningún estado civil puede llenar un vacío que solo Dios puede satisfacer, ya que Él nos creó para que nos relacionemos primero con Él y después unos con otros. Ninguna relación será más plena que la que establezcas con tu Señor.

Por ello, las jóvenes solteras deben estar absolutamente convencidas de que únicamente en el contexto del reino de Dios, podrán encontrar al compañero enviado por el Señor a su vida. Sin este fundamento, todo lo demás puede derrumbarse en cualquier momento. Sin Cristo, ningún hombre puede amarlas como lo ordena Su Palabra (Efesios 5). Nunca piensen en vivir con su novio antes de casarse. Primero, porque es algo inmoral y una violación a las leyes de Dios. Segundo, porque su matrimonio se fundamentará sobre una base pecaminosa, donde el enemigo tendrá un derecho legal, lo cual, con toda seguridad, los conducirá a la ruina.

Deléitense en Dios mientras oran y esperan por el hombre que Él tiene para ustedes. Talvez, algunas ya han enterraron sus anhelos de romance y viven tristes; otras, quizá, han sufrido decepciones y fracasos en la búsqueda del hombre perfecto; seguramente también hay algunas jóvenes que han sufrido el rechazo y el abandono, lo que provocó que sus corazones se durmieran, pero nuestro Dios es ilimitado, y cuando pensamos que todo ha acabado, ¡para Él no es más que el principio! Así que al Señor podría decirse que le estorba el tiempo cuando se trata de cumplir Sus promesas en nuestra vida. Muchas se desesperan porque han fijado en el reloj de su vida una hora en particular, y cuando no pasa nada, se alarman, sin embargo, el tiempo está en manos de nuestro Padre (Salmos 31:15). Los propósitos que le conciernen a Dios y les conciernen a ustedes están de tal manera entrelazados que no pueden separarse. Todo ocurre tal y como Dios lo planea, y Él mismo está allí para hacer que suceda lo que tiene previsto, está allí para guiar y asegurar los resultados.

Sin duda, el Señor guardó el mejor vino para ustedes, y desea traer un tiempo especial, donde se conviertan en gozo incluso aquellas cosas que antes no les trajeron alegría. Preparen sus tinajas porque el mejor vino siempre llega para los que saben esperar por el júbilo de lo milagroso. Nuestro Padre quiere convertir su agua en vino, y las situaciones que han robado su gozo cambiarán radicalmente para ustedes y serán placenteras. Vienen tiempos nuevos, plenos de la llenura de Su presencia (Juan 2:5-10). Solo confíen y amen al Señor con todo su corazón, lo demás será añadido, de acuerdo a Sus propósitos y riquezas en gloria.

Declaraciones de fe

Oración de entrega a Dios

Y veía yo que este cuerno hacía guerra contra los santos, y los vencía, hasta que vino el Anciano de Días y se dio el juicio a los santos del Altísimo y llegó el tiempo, y los santos recibieron el Reino. Daniel 7:21-22

Y me dijo hecho está. Yo Soy el Alfa y Omega, el principio y el fin. Al que tuviere sed, yo le daré gratuitamente de la fuente del agua de la vida. El que venciere heredará todas las cosas, y Yo seré su Dios, y el será mi hijo. Apocalipsis 21:6-7

Padre Celestial, lo primero que quiero hacer es declarar que Tú eres mi Dios, que te amo sobre todas las personas y cosas que existen. Te amo con todo mi corazón, te amo con toda mi alma. Te amo con toda mi mente y con todas mis fuerzas.

Puedo proclamar: "Yo y mi casa serviremos al Señor", porque solo Tú mereces nuestra adoración y nuestra entrega. Tú eres el Rey de reyes y Señor de señores. Tuyos son la grandeza y el poder, la gloria, la victoria y la majestad. Tuyo es todo cuanto hay en el cielo y en la tierra. Tuyo también es el Reino, y estás por encima de todo. De ti proceden la riqueza y el honor; lo gobiernas todo. En Tus manos están la fuerza y el poder, y eres quien engrandece y fortalece a todos. Por eso, Dios nuestro, te damos gracias, y a Tu glorioso nombre tributamos alabanzas. Eres el que adiestra mis manos para la batalla y mis dedos para la guerra.

Padre, perdona nuestros pecados y lávanos con Tu preciosa sangre, limpia y borra nuestra maldad, porque no rechazas al corazón quebrantado y arrepentido. Padre, confesamos que hemos participado en el pecado y reconocemos que eso es abominable y detestable ante Tus ojos. Humildemente, te pedimos perdón. Te pedimos que canceles cualquier entrada de demonios que haya resultado de nuestras acciones, nos limpies de todo pecado y cierres para siempre esa puerta con la preciosa sangre de Jesús.

Te pedimos que el Espíritu Santo nos revista de una armadura reforzada para estar permanentemente protegidos de los dardos del enemigo. Declaramos que somos parte del ejército de Jesucristo y avanzamos bajo Su dirección contra todo enemigo, sea humano o demoníaco. Declaramos que Tu poderosa mano nos guarda y nos sostiene.

Declaramos la victoria del reino de Dios sobre el reino de las tinieblas. Declaramos que Jesucristo venció a las huestes malignas al morir voluntariamente por la redención de la humanidad y al resucitar victorioso. Declaramos que como familia, somos herederos y coherederos con Jesucristo, por lo que tenemos derecho de pedirle abrigo y protección a Dios.

Padre, te presentamos una petición opuesta a la de Satanás, Venimos a pedirte que a partir de hoy, cambies el decreto que el enemigo quiso escribir en nuestra familia, y en la vida de cada uno. Atamos la oposición del enemigo sobre nuestro matrimonio, por el poder de Tu Palabra y Tu sangre vertida por nosotros en la cruz, quebrantamos el poder del mal sobre nuestro matrimonio. Cristo vino a deshacer tus obras, Satanás, y nosotros seguimos Sus pasos, desbaratando toda obra de maldad sobre la tierra.

Creemos que Dios nos ha librado de la potestad de las tinieblas y nos hizo sentar en los lugares celestiales con Cristo Jesús. Nos hizo reyes y sacerdotes para gobernar con Él, por lo que venimos destruyendo las fortalezas del enemigo con las armas que Dios nos entregó. Destruimos todas las fortalezas negativas en nuestra vida, matrimonio y familia.

Te pedimos, Padre Celestial, en el nombre de Jesús, que santifiques nuestra casa y que la selles con Tu preciosa sangre. ¡Ordenamos a los espíritus malignos salir de nuestra casa y de nuestra vida, en el nombre de Jesucristo! Jehová es nuestro guerrero y es poderoso para guardarnos sin caída, para guardarnos de maquinaciones malignas. El Señor tiene su espada lista porque son tiempos de guerra, y nosotros avanzamos junto a Él para combatir, para echar por tierra todo plan destructivo y para arrebatar a los cautivos.

Nosotros, como familia, ponemos la Palabra de Dios en primer lugar, porque es nuestra fuente de fe y sabiduría. No nos conformamos a este mundo, sino que somos trasformados por medio de la renovación de nuestra mente y recibimos la buena voluntad de Dios, agradable y perfecta. La sabiduría de Dios mora en abundancia en nosotros. Estamos atentos a Su voz. Nuestros ojos y oídos no se apartan de Él y guardamos Sus enseñanzas en nuestro corazón.

Por la fe en la Palabra de Dios, tenemos el poder para hacer todas las cosas y podemos recibir todas Sus promesas. Creemos que Dios puede hacer todas las cosas mucho más abundantemente de lo que nosotros pidamos o entendamos, según el poder que actúa en nosotros. Dios ha establecido nuestra casa, ha hecho con nosotros un pacto eterno, bien reglamentado y seguro. Dios hará que brote nuestra salvación y que se cumpla todo nuestro deseo.

Declaración de fe
para romper
con las iniquidades

Yo soy el que por amor a mí mismo
borra tus transgresiones y no se acuerda
más de tus pecados. ¡Hazme recordar!
Presentémonos a juicio; plantea el
argumento de tu inocencia.
Tu primer antepasado pecó; tus
voceros se rebelaron contra mí.
–Isaías 43:25-27

Este es el tiempo para cortar los ciclos de nuestros viejos patrones, paradigmas y maneras de pensar. En muchos casos, nuestro pasado está gobernado por patrones generacionales o líneas de iniquidad. Muchos de nosotros no nos damos cuenta de que permanecemos cautivos por designios originados en las tinieblas que pretenden atarse a nosotros, a través de fortalezas generacionales. Si podemos cortar los cordones con nuestro pasado, podremos cortar con todas las viejas estructuras de muerte que nos mantienen en cautividad.

Oremos

Me arrepiento por todos aquellos en mi línea generacional que culparon a Dios por perjudicarlos (Job 19:6-26). Me arrepiento por todos aquellos en mi línea generacional que bloquearon sus caminos, dirigiendo sus pasos hacia las tinieblas. Me arrepiento por todos aquellos en mi línea generacional que culparon a Dios por avergonzarlos al desvestirlos de su gloria y remover las coronas de sus cabezas.

Me arrepiento por todos aquellos en mi línea generacional que tuvieron un corazón temeroso e incrédulo que los llevó a apartarse del camino de la santidad. Te pido por la restauración de las sendas antiguas, donde la alegría y el gozo se apoderaban de nosotros. Abrazo mi derecho de primogenitura para caminar conociendo al Señor.

Me arrepiento por las creencias perversas de mi línea generacional, las que operaban en nuestra mentalidad superficial, donde tratamos de hacer las cosas por nosotros mismos. Señor, elijo trabajar en Tu conocimiento, entendimiento, sabiduría y discernimiento. Señor, elijo trabajar contigo para cambiar mis caminos, para caminar en las sendas antiguas establecidas antes de la caída. Elijo caminar en tu sanidad y permitir que Tu fortaleza fluya desde Tu agua de vida (Isaías 35).

Me arrepiento por mí y por toda mi línea generacional que utilizó sus sentidos físicos y espirituales por caminos errados, eligiendo operar solo en su mente natural. Señor, quiebra toda la iniquidad que fluyó desde esas decisiones que ignoraron Tu mente, corazón y voluntad. Señor, también te pido que remuevas toda la iniquidad de los sentidos que me diste. Te pido que restaures mi habilidad para usar todos mis sentidos para discernir Tu mente, corazón y voluntad.

Me arrepiento por todos aquellos en mi línea generacional que culparon a Dios por remover de ellos a sus amigos, familiares y empleos, poniendo a la gente en contra de ellos, menospreciarlos y odiarlos hasta la muerte. Me arrepiento por todos aquellos en mi línea generacional que culparon a Dios por herirlos y perseguirlos.

Me arrepiento por todos aquellos en mi línea generacional que abandonaron al Señor, la fuente de agua viva y crearon para ellos mismos cisternas rotas que no retienen agua (Jeremías 2:13). Rechazo la concepción de la simiente de Satanás de perjuicio, conflictos y la preparación para el engaño, que dieron a luz la iniquidad y los intentos de maldad en nuestra línea generacional (Job 15:35).

Señor, remueve y sella el acceso que el enemigo ganó en el vientre para llevarnos hacia lugares celestiales errados. Señor, remueve y restaura por Tu sangre cada parte elemental de mi vida, mi herencia y primogenitura, cierra las puertas de maldad.

Me arrepiento por aquellos en mi familia que confiaron en la sabiduría natural de los hombres y rechazaron al Espíritu de Dios (1 Corintios 2:15). Elijo confiar en los preceptos de verdad y el Espíritu de Dios para darme la mente de Cristo, dirigiendo mi mente por el camino correcto.

Rechazo la sabiduría del hombre y me arrepiento por el orgullo en mi línea familiar que vio la sabiduría de Dios como una necedad. Declaro el derecho para elegir vivir en la casa de mi Padre, Jehová, quien me llamó, me justificó y me glorificó por medio de Jesús desde antes de la fundación de la tierra y antes de que fueran creados los elementos espirituales.

Declaro que mi primogenitura espiritual es haber sido concebida en amor (Efesios 1:4), que recibí el Espíritu de Dios que me revela la sabiduría (1 Corintios 2:10), que recibí ojos espirituales en mi corazón para ver las riquezas de Su herencia gloriosa (Efesios 1:8). Declaro que fui formada a la imagen de Su glorioso Hijo. Rechazo la semilla de Satanás y rechazo una posición como hija del padre de mentiras (Juan 8:44). Te pido, Abba Padre, que cierres los ojos que se abrieron cuando Adán y Eva comieron del árbol del conocimiento del bien y el mal. Me pongo de acuerdo con los planes originales de Dios, donde toda sabiduría espiritual sobre el bien y el mal se origina en Su trono y se revela a mi espíritu. Me pongo de acuerdo con el Espíritu Santo para permitir que guíe mi espíritu, alma y cuerpo. Recibo la semilla del Espíritu Santo en mi espíritu que por Su poder clama: "Abba Padre". Elijo ser dirigida por Tus mandamientos para que puedas ensanchar mi corazón (Salmo 119:32).

Declaro que mi Redentor vive y mientras yo siga con vida, veré a Dios por mí misma y con mis propios ojos (Job 19:25-26). Declaro que mi esperanza está en Ti, mi Redentor. Te pido que restaures las sendas antiguas y enciende Tu luz en mí, para que pueda verte con mis ojos. Te pido que restaures mi primogenitura robada, mi gloria y mi corona.

Padre, te agradezco porque antes de formarme en el vientre de mi madre, predeterminaste la senda de gloria en la que debo caminar. En mi nombre y en el de mi línea generacional, me arrepiento y acepto la verdad de que Tú formaste mi ser interior y ordenaste todos los días para mí, escribiéndolos en Tu libro antes que sucedieran. Padre, declaro que fui creada temerosa de Ti, y que me guiarás por el camino eterno. Declaro que todas Tus obras son maravillosas.

Señor, estoy de acuerdo con Tu Palabra que dice que las armas de mi guerra no son carnales, sino poderosas en Ti para derribar fortalezas. Elijo derribar todas las imaginaciones y toda altivez que se levante en contra del conocimiento de Dios. Elijo llevar todo pensamiento a la cautividad en la obediencia a Cristo (2 Corintios 10:4-6). Señor, suelta el poder de la resurrección del Espíritu Santo para restaurarme en las sendas de santidad. Señor, que Tu amor perfecto recorra todo mi ser, echando fuera todo temor.

Señor, haz que pueda habitar en el lugar secreto del Altísimo. Declaro que mi primogenitura es para caminar en el Edén, donde puedo oír Tu voz y regocijarme en la intimidad de la comunión contigo. Creo que Jesús me hizo participar de esta intimidad cuando rasgó el velo en el lugar santísimo. Me arrepiento por mi línea generacional que trató de lograr, por las obras, lo que Tú me entregaste libremente por gracia. Llévame hacia el lugar de descanso y paz perfecta.

Señor, decreto y declaro que no seré más detenida por mi pasado. Tomo la decisión de liberarme de Egipto. Niego las mentiras del enemigo y no volveré a escucharlo nunca más. Te agradezco por la espada del Espíritu que me libera de mi pasado. Confieso que mi esposo, mis hijos y yo somos libres de todas las iniquidades y patrones generacionales de maldad. Te agradezco porque ya no somos cautivos de las estructuras de muerte. ¡Viviremos y no moriremos! En el nombre de Jesús, Amén.

Así ha dicho Dios el Señor: El día que yo los limpie de todas sus iniquidades, haré también que las ciudades vuelvan a ser habitadas, y que las ruinas sean reconstruidas. La tierra asolada volverá a ser cultivada, en vez de permanecer asolada a la vista de todos los que pasan. Entonces se dirá: "Esta tierra, que alguna vez fue asolada, ha llegado a ser como el huerto de Edén. Estas ciudades, que habían quedado desiertas y asoladas y en ruinas, ahora están fortificadas y habitadas." Entonces las naciones que hayan quedado a su alrededor sabrán que yo reconstruí lo que fue derribado y planté lo que estaba desolado. Yo, el Señor, lo he dicho y lo haré.
Ezequiel 36:33-35

Declaración de bendición
sobre mi matrimonio y familia

Yo declaro, en el nombre de Jesús, que Él es la roca, el fundamento y la base de mi hogar y mi familia. El Señor es fortaleza, castillo y protección para mi matrimonio y mis generaciones.

Yo declaro que lo que Dios ha unido, el hombre no lo puede separar, que mi esposo y yo caminaremos cada uno de los días de nuestra vida como uno solo, en un cordón de tres dobleces que no se rompe. Declaro, hoy, el nombre de Jehová de los Ejércitos sobre la vida de mi cónyuge y la de mis hijos, y reconozco que Él los bendecirá como lo declara Números 6:27: *Y pondrán mi nombre sobre los hijos de Israel, y yo los bendeciré.*

Con mi fe puesta en acción, establezco que Jehová Adonai es el dueño de mi familia y el enemigo no tiene ningún derecho legal sobre mis generaciones, porque herencia de Jehová son los hijos. Declaro que Jehová Nissi levanta bandera de victoria a mi favor. Él es la luz que brilla y alumbra los ojos del entendimiento de mi hogar y las tinieblas no pueden prevalecer ante la luz de Su presencia.

Declaro y establezco que la paz de Dios que sobrepasa todo entendimiento está sobre nosotros y las puertas de nuestro hogar. Se seca y se marchita toda angustia, dolor, frustración, desespero, afrenta. Nuestros pensamientos son llevados cautivos a la obediencia de Cristo. Todo conflicto y guerra interna que esté afectando nuestras emociones y pensamientos es quitada mientras echamos nuestra ansiedad sobre el Señor, porque Él cuida de nosotros.

Declaramos que el Señor nos santifica y consagra para Su gloria, seremos una generación de reyes y sacerdotes, ministros del Dios Altísimo. Seremos llamados robles de justicia, plantío del Señor, para mostrar Su gloria. Nos llamarán «sacerdotes del Señor»; nos dirán «ministros de nuestro Dios». Nos alimentaremos con las riquezas de las naciones, y nos jactaremos de los tesoros de ellas. Seremos conocidos entre las naciones y nuestros vástagos, entre los pueblos. Quienes nos vean, reconocerán que somos descendencia bendecida del Señor.

El Señor estará con nosotros, nos fortalecerá y nos ayudará, nos sostendrá con Su diestra. Porque el Señor está en medio de nosotros como guerrero victorioso, se deleitará en nosotros con gozo, nos renovará con Su amor, se alegrará con cánticos. Todos los que se levanten contra mi hogar y mi familia serán avergonzados y humillados, aunque busquemos a nuestros enemigos, no los encontraremos porque el Señor nos sostendrá de Su mano derecha. En toda nación donde pongamos el pie, el Señor hará que nuestros enemigos nos tengan miedo, se turben y huyan delante de nosotros. Pelearán contra nosotros, pero no podrán vencernos porque El Señor nos librará.

Por cuanto hemos acogido las palabras del Señor, los años de nuestra vida aumentarán. El Señor nos guiará por el camino de la sabiduría y por las sendas de la rectitud, cuando caminemos no encontraremos obstáculos; cuando corramos no tropezaremos, porque reposará sobre nosotros el Espíritu de Jehová. Espíritu de sabiduría, entendimiento, consejo, poder, conocimiento, y temor de Dios.

El Señor nos bendecirá y ensanchará nuestro territorio, nos ayudará y nos librará del mal para que no padezcamos aflicción. Derramará sobre nosotros Su bendición, por lo tanto, nos hará prosperar en todo, con bendiciones de lo alto, con bendiciones del abismo, el Señor nos concederá abundancia de bienes. El Señor nos pondrá a la cabeza, nunca estaremos en la cola, siempre estaremos en la cima, nunca en el fondo. Gozaremos de dicha y prosperidad.

El Señor multiplicará a nuestros hijos, apartará de nosotros toda enfermedad; en el seno de nuestro hogar, nuestros hijos serán como vástagos de olivo. Declaramos que en nuestro hogar ninguna mujer abortará ni será estéril. El Señor nos concederá larga vida y viviremos para ver bendecidos a los hijos de nuestros hijos.

Mi oración
por cada una de ustedes

Que Jael la esposa de Héber, el quenita,
sea bendita más que todas las mujeres.
–Jueces 5:24

Amado Jesús: Aviva el fuego de Tu Santo Espíritu en cada una de Tus hijas y quita todo obstáculo de su camino. Derriba las estructuras religiosas y de hombres que han impedido su realización en Tu reino, como lo estableciste desde el principio. Que sepan que son vasos frágiles, pero que hay gran fortaleza dentro de ellas. Que sepan reconocerte como el Señor de los ejércitos celestiales.

Convéncelas de que hagan lo que hagan, Tú las sigues formando como poderosas guerreras espirituales a favor de los suyos.

Señor, muchas han visto cómo el enemigo se ha levantado trayendo una destrucción devastadora a su matrimonio y familia, pero estoy convencida de que eso no será nada comparado con la gloria de Tu poder que obrará a través de ellas. ¡Que esa gloria cubra sus hogares, porque Tú eres el Señor!

Hoy, yo las llamo Tus guerreras victoriosas y pido porque reciban de ti nuevas estrategias, que tengan la fortaleza para correr la carrera de la victoria, porque has puesto en su mano la espada del Espíritu. ¡Despiértalas y levántalas con Tu brazo poderoso! Esta es la hora para que se levanten las mujeres de guerra, que caigan las vendas de sus ojos y que vean Tu luz brillando en medio de ellas para penetrar en los lugares oscuros.

Que se levanten las mujeres como Tu brazo derecho, como Tus armas eficaces para cumplir su misión como ayuda idónea y disponer Tu plan en la tierra. Que atiendan el llamado como mujeres guerreras, porque hay muchas cosas que los hombres, en soledad, no han podido lograr. Sopla sobre ellas, Espíritu Santo. Que salgan de sus escondites en el poder y autoridad de Tu santo nombre. Sopla pasión, sopla fuego, sopla aliento de vida, sopla esperanza, sopla gracia y favor, sopla fortaleza.

Que cuando Tus hijas se levanten, dispersen a sus enemigos. Que sepan que la tribulación no fue para destruirlas sino para llevarlas a un nuevo lugar de coraje, valentía y victoria. Que no teman afirmarse, que no teman ir a la batalla y luchar por su bendición. Que llamen a existencia el camino del Señor, la ruta de su futuro que está profundamente plantada en sus corazones. Que no escuchen la voz del enemigo, sino Tu voz que las saca de la tristeza y la desesperanza.

Amado Jesús, que este sea un nuevo día de gozo para las mujeres escogidas. Un día para celebrar, un nuevo amanecer para dar a luz el mover del Espíritu que no se podrá detener, porque es Tu mover soberano en la generación de los últimos tiempos de mujeres como Jael y Débora. Amén.

Bibliografía

Debi Pearl – 2009 - *Creada para se ayuda idónea.*
Centro de Literatura Cristiana, Colombia.

Dr. Emerson Eggerichs – 2005 - *Amor y respeto.*
Casa Creación, Estados Unidos.

John Piper – 2009 - *Pacto matrimonial.*
Tyndale Español, Estados Unidos.

Tommy y Janet Moya – 2014 - *Caer no es la sentencia final.*
Casa Creación, Estados Unidos.

Judy Jacobs – 2006 - *Arrebátalo.*
Casa Creación, Estados Unidos.

Judy Jacobs – 2007 - *Estad firmes.*
Casa Creación, Estados Unidos.

T.D. Jakes – 1998 - *La Dama, su amado y su Señor.*
Casa Creación, Estados Unidos.

Kimberly Daniels – 2011 - *Cómo arreglar su casa espiritual.*
Casa Creación, Estados Unidos.

Jane Hamon – 2008 - *La Compañía de Débora.*
Editorial Peniel, Argentina.

Chuck Pierce – 2009 - *Cómo redimir el tiempo.*
Casa Creación, Estados Unidos.

Chuck Pierce – 1998 - *Posea su herencia.*
Editorial Peniel, Argentina.

John y Stasi Eldredge – 2012 - *Amor y guerra.*
Unilit, Estados Unidos.

Charo Washer – 1998 - *Convirtiéndome en Ester* – Artículo
publicado en la revista HeartCry Society, Febrero-Marzo de
2003, Volumen 3.

Gary Chapman – 2011 - *Lo que me hubiera gustado saber
antes de casarme.*
Editorial Portavoz, Estados Unidos.

Cifuentes, I – 2007 - *Kaibiles,* artículo tomado de internet -
www.perspectivamilitar.blogspot.com

Francis Frangipane – 2015
www.ministeriofrancisfrangipane.blogspot.com

Acerca de la autora

La Pastora Magie de Cano ha sido llamada por Dios como una intercesora profética. *Es autora de Las Cartas de Magie* un devocional profético que llega a miles de lectores en el mundo a través del correo electrónico y las redes sociales. Es consejera matrimonial, y su llamado y pasión es a restaurar el alma y el corazón de la mujer, al diseño original de Dios. Es también conferencista internacional en congresos y ministerios dedicados a la mujer. Está casada desde hace 35 años con el pastor Benjamín Cano y juntos ministran el corazón de los matrimonios y las familias desde hace mas de 15 años. Tiene una relación hermosa con sus tres hijos Magaly, Benjamín y Sofía en la ciudad de Guatemala.

LasCartasDeMagie.com
info@lascartasdemagie.com

fb.com/LasCartasDeMagie
twitter.com/CartasDeMagie

La aplicación de "Las Cartas de Magie" está disponible para iPhone en App Store y Android en Google Play.